Konstruktivismus im Literaturunterricht

BEITRÄGE ZUR LITERATUR-
UND MEDIENDIDAKTIK

Herausgegeben von
Bodo Lecke und Christian Dawidowski

BAND 31

Markus Schwahl

Konstruktivismus im Literaturunterricht

Grundlagen und Unterrichtsbeispiele für
die Sekundarstufen I und II

Bibliografische Information der Deutschen Nationalbibliothek
Die Deutsche Nationalbibliothek verzeichnet diese Publikation
in der Deutschen Nationalbibliografie; detaillierte bibliografische
Daten sind im Internet über http://dnb.d-nb.de abrufbar.

Abbildung:
August Macke (1887-1914): *Spiegelbild im Schaufenster* (1913)
Lizensiert von akg-images

ISSN 1617-531X
ISBN 978-3-631-66237-3 (Print)
E-ISBN 978-3-653-05286-2 (E-Book)
DOI 10.3726/ 978-3-653-05286-2
© Peter Lang GmbH
Internationaler Verlag der Wissenschaften
Frankfurt am Main 2015
Alle Rechte vorbehalten.
Peter Lang Edition ist ein Imprint der Peter Lang GmbH.

Peter Lang – Frankfurt am Main · Bern · Bruxelles ·
New York · Oxford · Warszawa · Wien

Das Werk einschließlich aller seiner Teile ist urheberrechtlich
geschützt. Jede Verwertung außerhalb der engen Grenzen des
Urheberrechtsgesetzes ist ohne Zustimmung des Verlages
unzulässig und strafbar. Das gilt insbesondere für
Vervielfältigungen, Übersetzungen, Mikroverfilmungen und die
Einspeicherung und Verarbeitung in elektronischen Systemen.

Diese Publikation wurde begutachtet.

www.peterlang.com

Inhaltsverzeichnis

Einführung 7

I. Grundlagen 11

1 Selbstbezüglichkeit als philosophisches
  und pädagogisches Prinzip 11
2 Individualisierung und Differenzierung 16
  2.1 Texterfahrung und Textvermittlung 16
  2.2 Unterrichtsformen und Aufgabentypen 18
  2.3 Individualisierung und Kompetenzorientierung 27
3 Lektüre zweiter Ordnung 32
  3.1 Den eigenen Lesestandort berücksichtigen 32
  3.2 Selbstbeobachtung und Fremdbeurteilung 34
  3.3 Metakognition als didaktisches Prinzip 39
4 Handlungs- und Produktionsorientierung 41
  4.1 Theoretische Grundlagen und didaktische Intention 41
  4.2 Handlungs- und Produktionsorientierung
      im standardbasierten Literaturunterricht 47
5 Intersubjektives literarisches Lernen 56
6 Konstruktivismus als literarischer Topos 62

II. Unterrichtsbeispiele 69

Klassenstufen 7/8

1 Entdecke die Möglichkeiten – Konkurrierende
  Wirklichkeitsentwürfe in Seita Parkkolas Jugendroman
  Wir können alles verlieren. Oder gewinnen (2012) 69

Klassenstufen 9/10

2 Das Anschauen anschauen: Die literarischen Spaziergänge des
  Schweizer Dichters Robert Walser (1878-1956) 78

Klassenstufen 10-13

3 Wir verstehen uns doch? – Kommunikative Entfremdung
in Peter Stamms Roman *Agnes* (1998) 90

Klassenstufen 10-13

4 Wahn und Sinn: Psychische und Erkenntniskrisen
in E. T. A. Hoffmanns Erzählung *Der Sandmann* (1815) 99

III. Anhang 115

Material 1: Seita Parkkola: *Wir können alles verlieren.
Oder gewinnen* (2012); Materialien und Hinweise
für die Portfolio-Arbeit 115

Material 2: Robert Walser:
Jakob von Gunten (1909) [Auszug] 119

Material 3: Robert Walser: *Schneien* (1917) [Auszug] 121

Material 4: Robert Walser: *Der Spaziergang* (1917) [Auszüge] 124

Material 5: Lernaufgaben zu Peter Stamm: *Agnes* (1998) 126

Material 6: Ein dauerndes Versuchen. Peter Stamm über
Kommunikation (2004) 127

Material 7: Dialoganalyse zu Peter Stamm:
Agnes (1998) [Auszug] 128

Material 8: E. T. A. Hoffmann:
Der Sandmann (1815) [Auszug] 131

Material 9: Immanuel Kant: *Kritik der reinen Vernunft*
(2. Aufl., 1787) [Auszug] 134

IV. Literaturverzeichnis 135

1 Primärliteratur 135

2 Sekundärliteratur 135

Einführung

> *Wenn ich zum Beispiel einen Baum sehe und für mich ist er grün, würdest du ihn wohl auch grün nennen. Und wir sind uns ganz einig. Aber ist dein Grün ebenso grün wie meines?*
> Carson McCullers: *Frankie*

> *Links wird rechts, böse wird gut, hässlich wird schön, es kommt nur auf den Spiegel an und von welcher Seite man hineinsieht.*
> Christoph Poschenrieder: *Der Spiegelkasten*

Konstruktivismus, so scheint es, ist in aller Munde. Die Vorstellung, dass sich jeder Mensch in seiner eigenen, von der wirklichen Wirklichkeit mehr oder weniger unabhängigen Welt bewegen könnte, befeuert die Phantasie von Literaten, Philosophen und Leitartiklern. Kultur- und Medienwissenschaftler, Ökonomen und Politiker reden gerne davon, dass der Mensch sich seine Realität selbst erschaffe – nicht zuletzt deshalb, weil es zum Selbstverständnis dieser Berufsgruppen gehört, den gesellschaftlichen Diskurs und damit die soziale Wirklichkeit maßgeblich mitgestalten zu wollen. Vor allem aber korrespondiert das konstruktivistische Prinzip – gut zu beobachten an der Verbreitung konstruktivistischer Denkansätze in den Theorien der internationalen Beziehungen (Wendt 1999) – mit dem idealisierten Selbstbild moderner demokratischer Gesellschaften: Die Annahme, dass jede menschliche Wirklichkeit eine gemachte ist, ermöglicht es, sich die Welt als ein lernendes System zu denken, dem das Recht auf Veränderung, Fortschritt und Selbstentfaltung fest eingeschrieben ist.

Das konstruktivistische Paradigma, hervorgegangen aus den Ideen Platons, Demokrits, Vicos, Berkeleys und Kants, ist in der zweiten Hälfte des 20. Jahrhunderts zu einer interdisziplinären Supertheorie herangewachsen und wird mittlerweile durch Forschungsergebnisse aus der Entwicklungspsychologie (Jean Piaget), der Gehirn- und Verhaltensforschung (Humberto Maturana, Gerhard Roth, Wolf Singer) sowie den Geistes- und Sozialwissenschaften (Heinz von Foerster, Ernst von Glasersfeld, Niklas Luhmann, Siegfried J. Schmidt) nachhaltig gestützt.

Im zwischenmenschlichen Miteinander sind konstruktivistische Einstellungen, Äußerungen und Verhaltensweisen indes eher selten zu beobachten. Der Vorbehalt, dass die eigene Weltsicht nur eine von vielen möglichen Wirklichkeiten darstellen könnte, dass mithin jeder Wirklichkeitserfahrung der Makel der Vorläufigkeit, der Relativität anhaftet, kommt im alltäglichen Reden und Handeln kaum zum Tragen. Ihrer offenkundigen Popularität zum Trotz scheint sich der Gebrauch konstruktivistischer Axiome auf einen theoretischen oder metaphorischen Diskurs zu beschränken, der außerhalb des Wissenschafts- und Medienbetriebs nur geringe Spuren hinterlässt.

Auch im Schulalltag hat die vielfach bemühte konstruktivistische Rhetorik bislang noch wenig spürbare Veränderung bewirkt. Obwohl grundlegende Forschungsbeiträge vorliegen, beispielsweise zum Einfluss des Konstruktivismus auf das System Schule (Rolf Arnold, Gerhard de Haan/Tobias Rülcker) und auf den Umgang mit Literatur (Bernd Scheffer), wird in der schulischen Praxis immer noch viel zu selten diskutiert, welche konkreten pädagogischen, didaktischen und methodischen Konsequenzen der konstruktivistische Paradigmenwechsel erfordert. Die Bedeutung des Konstruktivismus für die Gestaltung von Lern- und Kommunikationsprozessen sowie für das Selbstverständnis des Lehrers wird in ihrer Radikalität oft gar nicht erkannt. Dabei wäre eine Diskussion über die Notwendigkeit konstruktivistischer Elemente in der Institution Schule gerade in Zeiten von Kompetenzausrichtung und Standardisierung durchaus lohnenswert: Konstruktivistische Lernmodelle stehen wie kein anderes für eine Tradition der Subjektorientierung; sie können deshalb besonders glaubhaft Argumente und Beispiele für individualisierende, differenzierende und selbstreflexive Lernprozesse im Rahmen eines kompetenzorientierten Unterrichts beisteuern.

Gerade das Fach Deutsch, und hier wieder in besonderem Maße der Literaturunterricht, kommt kaum umhin, Fragen der Wirklichkeit und ihrer Wahrnehmung zu thematisieren: Was unterscheidet eigentlich unsere alltägliche von einer literarisch produzierten Realität? Wodurch zeichnen sich realistische Texte aus und wie grenzen sie sich von nicht-realistischer Literatur ab? Inwiefern verändert sich Wirklichkeit durch die Vermittlungstätigkeit analoger und digitaler Medien? Welche Auswirkungen hat die zwischenmenschliche Kommunikation auf unsere Wahrnehmung und unsere Einstellungen? Und vor allem: Wie könnten konstruktivistische Erkenntnisfragen und -bedingungen im Unterrichtsgeschehen Berücksichtigung finden?

Diese Studie unternimmt den Versuch, sowohl die allgemeinen Anforderungen an einen konstruktivistischen Literaturunterricht zu klären als auch konkrete Unterrichtsmodelle zu entwickeln, die einen Schwerpunkt auf die praktische Umsetzung konstruktivistischer Leitgedanken legen. Ausgehend von erkenntnis- und kommunikationstheoretischen Überlegungen zur alltäglichen und literarischen Wahrnehmung bzw. Kommunikation sollen Möglichkeiten ausgelotet werden, wie Schülerinnen und Schüler ihr individuelles Textverständnis realisieren und im Austausch mit der Lerngruppe weiterentwickeln können. Der Reflexion des subjektiven Textverständnisses und seiner Entstehungsbedingungen sowie der Organisation kollektiver Texterschließungsprozesse unter konstruktivistischen Voraussetzungen soll hierbei besondere Aufmerksamkeit geschenkt werden.

Der Autor dankt den Schülerinnen und Schülern des Spohn-Gymnasiums in Ravensburg, den Referendarinnen und Referendaren des Staatlichen Seminars für Didaktik und Lehrerbildung Weingarten sowie den Studierenden der Pädagogischen Hochschule Weingarten, mit denen er in den vergangenen Jahren die in dieser Arbeit dargestellten Unterrichtssequenzen und -modelle konzipieren und erproben durfte.

Ravensburg, im Frühjahr 2015
Markus Schwahl

I. Grundlagen

1 Selbstbezüglichkeit als philosophisches und pädagogisches Prinzip

Der isolierte Beobachter

Ausgangspunkt allen konstruktivistischen Denkens ist die Überzeugung, dass kein menschlicher Beobachter eine Aussage über die Wirklichkeit treffen kann, ohne zugleich und zuvörderst etwas über sich selbst als Betrachter, über das eigene Erkenntnissystem und die kognitiven, volitionalen und emotionalen Bedingungen zu sagen, denen es unterliegt. Die Selbstbezüglichkeit menschlichen Wahrnehmens und Tuns durchzieht sämtliche Lebensbereiche: von der Alltagswahrnehmung und -kommunikation über wissenschaftliche Diskurse bis hin zu ästhetischen, beispielsweise literarischen Wahrnehmungsvorgängen. Ihre Ursache hat die operationale Zirkularität menschlicher Erkenntnisprozesse in der neurobiologischen Isolation des Gehirns, die wiederum aus der physiologisch notwendigen Umwandlung physikalischer und chemischer Außenweltreize in lesbare Nervenimpulse resultiert. Erst *nach* dieser neuronalen Kodierung können Sinnesempfindungen als solche wahrgenommen werden. Und die grammatikalischen Regeln für diese Übersetzungstätigkeit des Gehirns stammen nicht aus der Außenwelt, sondern werden systemintern entworfen:

> Das Lebewesen misst offenbar durch die relative Aktivität seiner Zellen den physikalischen Parametern erst Sinn zu und scheint durch ihre Organisation erst den Kontext zu definieren, mit Bezug auf welchen die angetroffenen physikalischen Parameter Bedeutung erlangen. Das Auge/Gehirn bedarf also keines Zugangs zu objektiven Eigenschaften. (Ackermann 1998: 23)

Die Aktivität der menschlichen Nervenzellen spiegelt nicht das Sosein der Dinge, sondern sie konstituiert lediglich einen Rahmen von Relationen, in dem das Lebewesen sich hinsichtlich seiner internen Organisation selbst repräsentiert. Was dem menschlichen Betrachter als ‚wirklich' erscheint, hat seinen physikalischen Ursprung zwar in der ontischen Umwelt; Intensität und Qualität, mit der jeder Außenreiz erfahren, kodiert, kontextualisiert, gespeichert und weiterverarbeitet wird, unterliegen jedoch ausschließlich den selbstbezüglichen Kategorien des jeweiligen Beobachtungssystems:

Die Bewertungsmaßstäbe für Stabilisierung und Veränderung im Gehirn [kommen] aus dem Gehirn selbst [...], etwa bei der Frage welche kognitiven Netze mit welchen anderen gekoppelt werden müssen, um eine bestimmte Wahrnehmungsleistung zu vollbringen. Es gibt im Gehirn keine höchste Entscheidungs- und Kontrollebene außer der der Selbsterfahrung. (Roth 1990: 178)

Die entscheidenden Kriterien und Einflussfaktoren für die Aktivierung, Modifikation und Speicherung all jener wirklichkeitsbezogenen „Hypothesenmuster" (Arnold 2007: 55), die das menschliche Gehirn permanent entwirft, stammen nicht aus der objektiven Umwelt, sondern aus früheren subjektiven Erfahrungen, deren aktuelle Relevanz für das Beobachtungssystem wiederum vom „emotionalen Begleitzustand" (Roth 2000: 210) abhängt, mit dem die damalige Erfahrung/Wahrnehmung verknüpft ist. Gesteuert durch das Gedächtnis als wichtigstes Sinnesorgan sowie durch reaktivierte oder aktuelle emotionale Faktoren und Interesselagen definiert das Gehirn den Deutungshorizont, innerhalb dessen Grenzen der menschliche Wahrnehmungsapparat sein sehr privates Wirklichkeitsbild konstruiert:

Unsere Wahrnehmung ist – sowohl stammesgeschichtlich als auch individualgeschichtlich – zunächst eine emotionale, bei der sich grundlegende Formen des „Sich-in-der-Welt-Fühlens" einspuren und synaptisch so verschalten, wie es die frühen Erlebnisse mit Geborgenheit, Spiegelung, Macht etc. angebahnt haben. Man sieht dann auch nur noch das, was man kennt. Neben die Selffulfiling Prophecy der hypothesengesteuerten Kognition tritt das Selffulfiling Feeling der rekonstellierenden Emotion. (Arnold 2007: 56 f.)

Gangbare Erfahrungen

Die *Objektivität* einer individuellen Wahrnehmung ist innerhalb eines selbstreferentiellen, durch Selektion und Interpretation gekennzeichneten Erkenntnissystems nicht überprüfbar. Zwar ist davon auszugehen, dass menschliche Beobachtungssysteme, zumal in überlebensrelevanten Situationen, durchaus in der Lage sind, sich auf die Wahrnehmung ‚harter' Wirklichkeitsbestandteile sowie auf den erforderlichen Umgang mit ihnen zu einigen. Dies dürfte damit zusammenhängen, dass sich evolutionsgeschichtlich bewährte menschliche Wahrnehmungen und Verhaltensweisen einander angepasst und in einer artrelevanten Nische epistemologisch eingerichtet haben (vgl. Vollmer 1985: 77 ff.). Doch auch wenn offensichtlich

„unter Menschen so viel Richtiges gedacht und erkannt [wird], dass wir bisher nicht ausgestorben sind" (Engels 1989: 208), besagt diese Feststellung noch nichts über die objektive Treffsicherheit menschlicher Wahrnehmungen.

In vielen ‚weichen' Wirklichkeitskontexten (Familie, Schule, Beruf etc.), in denen ein intersubjektiv divergierendes Wahrnehmungsspektrum keinen unmittelbaren existenziellen Nachteil bedeutet, wird der menschliche Erkenntnisapparat eine aktuelle Wahrnehmung stets dahingehend prüfen, beurteilen und verarbeiten, ob sie einen *für ihn selbst* gangbaren Weg durch die Realität beschreibt. Diese aus einem permanenten Abgleich mit dem Widerstandspotenzial der Außenwelt hervorgehende *Viabilität* eines kognitiven Wirklichkeitskonzeptes fungiert als epistemologischer Kompass, mit dessen Hilfe jeder Beobachter durch die ontische Wirklichkeit navigiert. Über die objektive Nähe seiner Wirklichkeitshypothese zur wirklichen Wirklichkeit ist allein durch deren Gangbarkeit noch keine Aussage getroffen; die epistemologische Viabilität eines Beobachtungssystems beweist lediglich, dass dessen Wirklichkeitsinterpretation mit dem Sosein der Außenwelt nicht kollidiert, also in sie hineinpasst.

Die Frage, wie hoch der Deckungsgrad zwischen subjektiver Wahrnehmung und ontischer Realität sein könnte, ist für die epistemische ‚Richtigkeit' einer menschlichen Erfahrung nicht ausschlaggebend. Wesentlich bedeutsamer für deren Wahrheitsgehalt ist, inwiefern der einzelne Betrachter seine – im Wortsinne – *gemachte* Beobachtung als schlüssig und tragfähig für die Kohärenz seines „Lebensromans" (Scheffer 1992), seiner biographisch verankerten und mit fortschreitendem Alter zunehmend gefestigten Wirklichkeitserzählung, erfährt. Der in allen Gesellschaftsbereichen, nicht zuletzt auch in der Schule, leidenschaftlich geführte „Kampf um die Realität" (Arnold 2007: 57) ist von nachrangiger Bedeutung; schließlich vermag keiner der an welchen Erkenntnisdiskursen auch immer beteiligten Wirklichkeitsbetrachter aus seiner eigenen Selbstreferentialität herauszutreten und eine gleichsam göttliche Außenperspektive einzunehmen. Die Deutungshoheit über soziale, ökonomische, moralische oder eben auch pädagogische Wirklichkeitsausschnitte mag sich aus gesellschaftlichen Zwängen, aus Hierarchien und Machtgefügen ergeben – erkenntnistheoretisch begründbar ist sie nicht.

Lernende Systeme

Nicht nur die menschliche Alltagswahrnehmung ist das Produkt eines sich selbst erschaffenden (autopoietischen) Erkenntnisprozesses. Die Selbsttätigkeit unseres Gehirns ist darüber hinaus auch für das Lernen sowie für die Wahrnehmung ästhetischer Wirklichkeiten, beispielsweise literarischer Texte, von entscheidender Bedeutung. Bereits Piagets Theorie über die geistige Entwicklung des Kindes zeigt auf, dass die Akkomodations- und Assimilationsleistungen, also die Welterschließung durch Veränderung der eigenen Wahrnehmungsschemata oder Einpassung neuer Merkmale in bestehende Deutungsmuster, eine selbstbezügliche kognitive Leistung ist: Das lernende System erarbeitet sich neues Weltwissen in Eigentätigkeit; anstelle eines linearen Vermittlungsprozesses, in dem Wissen als „übertragbares Gut" und Kommunikation als „Beförderungsmittel" (Glaserfeld 1987: 291) fungieren, konstruiert der Lernende aus eigenem Antrieb und mithilfe der ihm zur Verfügung stehenden kognitiven Erkenntnismodi und -modelle ein erweitertes Hypothesenmuster, dessen oberstes Kriterium weder die Übereinstimmung mit der Wirklichkeit an sich noch mit dem Hypothesenmuster eines Wissenssenders – beispielsweise des Lehrenden – ist, sondern die Stimmigkeit innerhalb der selbst entwickelten, aus der biographischen Erfahrung gespeisten Wirklichkeitsvorstellung.

Die Aufgabe von Unterricht liegt folglich weniger in der Vermittlung als in der *Ermöglichung* von Erkenntnis: Um in den systemisch geschlossenen Beobachtungssystemen der Lernenden einen Prozess der Restrukturierung anzustoßen und zu begleiten, muss er deren Erfahrungswelt anregen und perturbieren, indem er Assoziationen und Emotionen auslöst, Fragen und Probleme aufwirft, die Wirklichkeitsvorstellung der Lernenden aktiviert und durch unbekannte, rätselhafte oder widersprüchlich-störende Signale irritiert. Die Schülerinnen und Schüler müssen das im Unterricht aufgeworfene Problem als relevant für ihr eigenes Wirklichkeitskonzept auffassen und sowohl an dessen Wahrnehmung als auch seiner Lösung mit ihren eigenen Erfahrungen, Fragestellungen und Einsichten beteiligt sein (vgl. Arnold 2007: 64 f.).

Der produktive Leser

Die Erschließung literarischer Texte funktioniert prinzipiell nach denselben autopoietischen Erkenntnismechanismen wie jede andere Form menschlicher Wahrnehmung. Auch beim Lesen geht es nicht darum zu erfahren, was der Text (die Textwirklichkeit) *an sich* bedeutet, sondern um die subjektiven Wirklichkeitshypothesen, die beim Lesen aktiviert werden, sowie um die Akkomodations- und Assimilationsleistungen, die die Konfrontation mit dem literarischen Text erzwingt:

> Gerade fiktionale Texte [...] machen dem Leser Übertragungsangebote, die Fantasien und Affekte in Gang setzen und damit Gegenübertragungen provozieren. Um die durch den Text ausgelösten Affekte und die damit verbundenen Unsicherheiten und Ängste zu bewältigen, bringen Leser ihre Lektüre mithilfe von Abwehrstrategien und Anpassungsmechanismen in Übereinstimmung mit den Mustern ihrer Fantasien. Sie wählen aus, was mit ihrem Lebensstil übereinstimmt, lassen nicht zu, was diesem widerspricht, und schaffen sich so ihren eigenen Text. (Scheller 2004: 27)

Lesen ist keine „wie auch immer geartete Bedeutungs-‚Entnahme', sondern von Anfang an Bedeutungszuschreibung" (Scheffer 1992: 234). Der Leser verarbeitet die aus der ‚Außenwelt' (der Textoberfläche) in seinen Erkenntnisapparat eindringenden Signale nach selbstbezüglichen Kriterien und gestaltet aus den Wirklichkeitsmerkmalen des Textes – in Analogie zur autopoietischen Bedeutungszuweisung des Alltagsbeobachters – eine in seinen biographischen Erfahrungsschatz passende Vorstellung des gelesen Textes:

> Wahrnehmung (auch Lesen) arbeitet stillschweigend mit Ergänzungen. Durch Ergänzungen wird eine prägnante, geschlossene Ordnung geschaffen, die gar nicht vorhanden, dem Wahrnehmenden aber geläufig ist. [...] Jede Wahrnehmung ist immer schon Interpretation und hängt ab von den (subjektiven) Dispositionen des Wahrnehmenden. [...] [Es gibt] keine objektive Wahrnehmung der Welt, auch nicht eines Kunstwerks. (Wangerin 2007: 72 f.)

Die Konsequenzen, die der Literaturunterricht aus diesem konstruktivistischen Verständnis von literarischer Rezeption sowie allgemein aus einem selbstbezüglichen Wahrnehmungs- und Lernkonzept zu ziehen hat, sind gravierend: Der Abschied von der Objektivität hat nicht nur zur Folge, dass – was eigentlich eine Selbstverständlichkeit sein sollte – kein Literaturunterricht ohne „aktualisierende Bedeutungszuweisung" (Zabka 2010: 81), also ohne Einbeziehung von Wahrnehmungen, Interessen, Meinungen und Fragen der Lernenden, stattfinden sollte. Darüber hinaus müssen sich Lehrende und Lernende bewusst machen, dass die subjektive Prägung, die sie in die Lektüre eines literarischen Textes, in jede Deutungstätigkeit und jedes Interpretationsgespräch einbringen, niemals vollständig überwunden werden kann. Keine ihrer interpretatorischen Bemühungen, kein didaktisches Verfahren, kein hermeneutisches Unterrichtsarrangement wird den selbstbezüglichen Modus ihres Textverständnisses neutralisieren können.

Was Literaturunterricht hingegen zu leisten vermag, ist eine intensive Begegnung zwischen konkurrierenden Lektüren, eine nachhakende Kommunikation, ein Beschreibungen, Erklärungen und Kontextualisierungen einfordernder Diskurs über literarische Welterfahrungen. Und selbst wenn er nicht immer eine Annäherung der vielen im Klassenzimmer kursierenden Wirklichkeitshypothesen ermöglichen wird, so kann ein konstruktivistisch motivierter Literaturunterricht zumindest garantieren, dass die Lernenden durch ihn zu einem vertieften Verständnis ihrer *eigenen* Wahrnehmungen gelangen und die biographische Bedingtheit ihrer subjektiven Bedeutungszuweisungsaktivitäten reflektieren lernen.

2 Individualisierung und Differenzierung

2.1 Texterfahrung und Textvermittlung

Literarisches Verstehen und Lernen ist wie jede andere Form der Wirklichkeitswahrnehmung an den biographischen Erfahrungsbestand, die emotionale Konstitution und das Erkenntnisinteresse des Beobachters gebunden. Deshalb sollte der Literaturunterricht den Schülerinnen und Schülern vor jeder wie auch immer gearteten Vermittlung literarischen Wissens *individuelle Zugänge zum literarischen Werk* ermöglichen. Ohne die vorangegangene Konkretisation einer subjektiven Textvorstellung durch jeden einzelnen Schüler, ohne die biographische und emotionale „Verhakung" von Text und Leser (vgl. Kreft 1977: 382) wird es nicht gelingen, die Lernenden für eine persönliche Annäherung an die Lektüre oder gar für einen literarischen Austausch im Gespräch mit dem Lehrer oder der Klasse zu gewinnen: Denn solange die Schülerinnen und Schüler für sich *selbst* noch kein viables Bild des gelesenen Textes komponieren konnten, die Lektüre zu ihrer *eigenen* gemacht haben, sind sie mit der Herstellung einer *gemeinsamen* Deutung innerhalb der Lerngruppe epistemologisch überfordert; ohnehin dürften sie ohne individuelle Manifestation des gelesenen Textes nur eine geringe Motivation verspüren, sich auf die Deutungszugänge der Lerngruppe oder des Lehrers überhaupt einlassen zu wollen.

Auf eigenen Wegen durch den Text

Eine konstruktivistisch motivierte Literaturdidaktik plant, realisiert und reflektiert ihren Unterricht konsequent vom Leser aus. Sie versteht den Akt des Lesens als einen autonomen Prozess der Wirklichkeitserschließung, den weder outputorientierte Kompetenzbeschreibungen noch die Deutungshoheit der Lehrkraft dominieren dürfen. Stattdessen erfordert die Einsicht in die biographische Selbstbezüglichkeit von Lese- und Lernprozessen differenzierende didaktische Arrangements, „in denen nicht alle gleichzeitig das Gleiche lernen sollen und müssen" (Bräu 2007: 173), sondern eine *Vielfalt von Textvorstellungen* produziert werden darf und soll. Um den hierbei entstehenden unterschiedlichen mentalen Modellen, aber auch dem breiten emotionalen Spektrum, das in der Begegnung mit einem Text aktiviert wird, gerecht zu werden, muss der Literaturunterricht seine didaktische Perspektive auf den lesenden Schüler modifizieren und seine Rahmenbedingungen an die epistemologische Verschiedenheit der Leser anpassen:

> Schülerinnen und Schüler müssen die Gelegenheit erhalten, ihre individuellen Lernwege zu gehen, und die Lehrkräfte müssen diese aufmerksamer wahrnehmen. [...] In die Sekundarstufe dringen diese Arbeitsformen nur sehr zögerlich ein. [...] Die Folge ist, dass Literaturunterricht fast nur im Gleichschritt (z.B. nach der fragend-entwickelnden Methode) erfolgt. Rücksichtnahme auf unterschiedliche Lernstände ist so kaum möglich, Freiheitsspielräume, die für eine positive emotionale Beziehung zum Lesen wichtig sind, fehlen. (Spinner 2003: 241)

Der konstruktivistische Literaturunterricht stärkt die Individualisierung des Leseprozesses, indem er

- dem Lesen im Unterricht einen großzügig bemessenen Raum bietet
- die Lese- und Verstehensfreiheit der Schülerinnen und Schüler respektiert und fördert
- die Reflexion von Texterschließungsprozessen initiiert und begleitet
- eine Gesprächskultur pflegt, die dem Ausdruck individueller Textbilder Raum bietet, neue Perspektiven eröffnet und eine integrative kommunikative Dynamik entfacht
- unterschiedliche Unterrichtsprozesse und -ergebnisse ermöglicht und fördert und unterrichtsmethodische Monokulturen durch eine Vielfalt von Lehr- und Lernwegen ablöst (vgl. Arnold 2007: 74)

Die Berücksichtigung eigenständiger Lesekonstruktionsleistungen stellt keine Bedrohung für die methodische Steuerung und didaktische Zielorientierung des Literaturunterrichts dar; vielmehr werden Unterrichtsatmosphäre, Lernprozess und Stundenergebnisse von der systematischen Bezugnahme auf die autopoietischen Lese- und Erkenntniswege der Lernenden durchweg profitieren. Voraussetzung hierfür ist freilich, dass der Lehrer sein *eigenes* Verständnis des Unterrichtsgegenstands, des didaktischen Zugriffs und der methodischen Umsetzung, seinen Blick auf die Lernenden und deren Interaktion sowie auf die eigene Rolle ebenfalls unter einer konstruktivistischen Prämisse reflektiert und sich im Unterricht entsprechend ‚konstruktivistisch' verhält.

Wenn der Literaturunterricht den Lernenden einen großzügig bemessenen Raum für die individuelle Begegnung mit dem Text (und sich selbst als Leser) zur Verfügung stellen soll, so ist damit mitnichten die Installation einer interpretatorischen Beliebigkeit oder die Anbiederung an Leseinteressen, Erkenntnismodi und Sprachgewohnheiten der Schülerinnen und Schüler gemeint. Die vorrangige Ermöglichung einer selbstbezüglichen Texterfahrung schließt keineswegs aus, dass die Lektüre- und Themenauswahl ebenso wie die didaktische Reduktion des Stoffes oder bestimmte Methodenentscheidungen nach wie vor von der Lehrkraft getroffen werden und sich an den amtlichen Standards für das Fach und die Klassenstufe orientieren. Allerdings geht es sehr wohl darum, jeden Lernenden innerhalb des durch den Bildungsplan und den Lehrer gesetzten fachlichen, pädagogischen und methodisch-didaktischen Rahmens seinen eigenen Weg durch den Text gehen zu lassen.

2.2 Unterrichtsformen und Aufgabentypen

Inhaltliche und methodische Selbstbestimmung

Eigenständige Wahrnehmungs- und Deutungsleistungen der Schülerinnen und Schüler setzen voraus, dass die Lernenden nicht nur in die Organisation der Lese- und Lern*prozesse*, sondern immer wieder auch in *inhaltliche* Entscheidungen einbezogen werden. Die Eigenverantwortung der Schülerinnen und Schüler darf sich nicht auf Verfahrensfragen wie das Lerntempo oder methodische Akzentuierungen – also auf die technische Steuerung eines vom Lehrer bereitgestellten und vom Schüler zu bewältigenden

Aufgabenpools – beschränken. Vielmehr versetzt ein individualisiertes Unterrichtsmanagement den Lernenden durch größtmögliche methodische *und* inhaltliche Offenheit in die Lage, Anfangs- und Schlusspunkt, Ausrichtung, Struktur und Verlauf seiner Textbegegnung selbstbestimmt zu gestalten.

Die jüngere Unterrichtsforschung hat in diesem Zusammenhang die *Bedeutung offener Unterrichtsformen* für den konstruktivistischen Unterricht betont. Freies und projektartiges Arbeiten, Lernwerkstatt, Stationenlernen, Wochenplan- und Portfolio-Arbeit, Lern- und Lesetagebücher haben sich als methodisch-didaktisches Setting besonders bewährt, wenn es darum geht, die Konstruktionsleistung der Schülerinnen und Schüler im Lernprozess zu unterstützen. Je deutlicher der Werkstattcharakter der gewählten Lernform herausgestellt wird, je stärker die Eigenverantwortung der Lernenden für den Lerngegenstand, den Verlauf des Lerngangs sowie die Präsentation und Auswertung der Ergebnisse zum Tragen kommt, desto wahrscheinlicher ist die „Unterstellung einer eigentätigen und dem Individuum obliegenden Konstruktion" (Klein/Oettinger 2007: 67):

> Lernprozesse [setzen] die *aktive Übernahme* der Lernproblematik durch die Lernenden selbst voraus. Eine solche Übernahme kommt allerdings nur dann zustande, wenn die Lernenden antizipieren, dass die Beschäftigung mit den Lerngegenständen aus ihrer Sicht Sinn macht. *Sinn* machen Lernhandlungen aber erst dann, wenn Lernende Anknüpfungsmöglichkeiten bezogen auf ihre jeweils eigenen Perspektiven sehen, d. h. bezogen auf das, was aus ihrer Lebensperspektive von Bedeutung ist. Der Zusammenhang von *Sinn, Bedeutung* und *Lebensperspektive* stellt demnach eine unabdingbare Voraussetzung für nachhaltiges Lernen dar. (Häcker 2007: 68)

Themazentriertes Lernen

Ein konstruktivistisch reflektierter Literaturunterricht sollte den Schülerinnen und Schülern variable Zugänge zur Texterschließung und somit die Gelegenheit eröffnen, in der individuellen Begegnung mit dem Text ihr je eigenes Vorwissen zu aktivieren, zu überprüfen und womöglich zu revidieren. Um andererseits dem Eindruck entgegenzutreten, dass die Auseinandersetzung mit Literatur im Unterricht nur noch im Stile eines unverbindlichen „Patchwork-Angebot[s]" (Spinner 2003: 242) stattfinde, sollte der individualisierte Literaturunterricht seine Fragestellungen stets in einen *thematisch zentrierten Kontext* einbinden. Innerhalb dieses sinnstiftenden und motivierenden Rahmens (z.B. eines Projekts mit übergreifender Fragestellung) sollen die Lernenden die von ihnen als relevant empfundenen inhaltlichen Einzelaspekte eines Textes auswählen und mithilfe von problemorientierten Arbeitsanregungen entsprechend ihrem jeweiligen Erkenntnisinteresse vertiefen und vernetzen können.

Schülerinnen und Schüler entscheiden im individualisierten Literaturunterricht selbstbestimmt, welche Herausforderung sie annehmen und welchen Problemlösungspfad sie wählen möchten. Konzeptuelle Vorgaben in der Aufgabenstellung sollen die Lernenden in ihrer interpretatorischen Konstruktionsleistung nicht einschränken, sondern ihnen innerhalb eines Orientierungsrahmens eine „differenzierte Wahrnehmung der Tiefenstruktur" (Köster 2003: 17) ermöglichen. Arbeitsanweisungen in einem konstruktivistischen Literaturunterricht dienen also zuvörderst der Fokussierung auf ein Problemfeld oder einen ästhetischen, lebensweltlichen etc. Kontext; sie bieten den literarischen Lernern Erkenntniswege an, ohne dass der Lehrer – wie dies im Literaturunterricht leider allzu häufig der Fall ist – mit der Formulierung der Arbeitsanregungen bereits eine bestimmte, in der Regel fachwissenschaftlich bzw. didaktisch bewährte Lesart des Textes präsupponieren würde.

Offene Aufgabenformate

Geschlossene und halb-offene Textverständnisaufgaben bilden in vielen Evaluationsstudien den Schwerpunkt der Überprüfung des Textverständnisses. Mit Multiple-Choice-Aufgaben oder Aufgaben zur Identifizierung von Textmerkmalen und Belegstellen können kompetenzorientierte Kategorien wie Symbollernen oder die Wiedergabe des Handlungsverlaufs systematisch eingeübt und empirisch valide überprüft werden. Indem sie auf textrezeptiver Ebene einen Orientierungsrahmen für den individuellen Texterschließungsprozess abstecken, können sie insbesondere schwächeren Lernern beim sukzessiven Aufbau von Textwissen behilflich sein. Um den Lernenden über die Sicherung eines solchen Basisverständnisses hinaus eine wirklich *selbstbestimmte* Annäherung an den literarischen Text zu ermöglichen, muss der Aufgabenpool darüber hinaus durch *offene Aufgabenformate* erweitert werden.

Offene Aufgaben zeichnen sich dadurch aus, dass „weder Schüler noch Lehrer die zutreffende Antwort im Voraus genau kennen" (Baurmann/ Kammler 2012: 9). Mit ihrem ergebnisoffenen Charakter schaffen sie den notwendigen Freiraum für eine eigenständige Deutungstätigkeit, die im Sinne der konstruktivistischen Literaturdidaktik immer auch eine Verknüpfung des Textangebots mit dem individuellen Lebensroman der Schülerinnen und Schüler bedeutet. Offene Aufgaben geben keine interpretatorische Richtung vor, in die sich der Lernende bewegen soll, sondern definieren allenfalls das Themenfeld, in dem die Lernenden die Viabilität ihrer individuellen Textdeutung ausloten sollen. Begleitende Fragestellungen und Hinweise, die die unterschiedlichen Aspekte des jeweiligen Themenfelds ausleuchten oder eine perturbierende Wirkung auf das Weltwissen der jugendlichen Leser zeitigen, können in einem offenen Aufgabenfeld als Orientierung oder Initialzündung für den Denkprozess fungieren; darüber hinaus erleichtert eine vielseitige Themenfeldbeschreibung den Einstig in eine spätere Anschlusskommunikation.

Unterrichtsbeispiel

Offene Aufgabenformate verlangen von den Schülerinnen und Schülern eine sprachliche „Re-Situierung" (Abraham 2003: 209) ihres individuell konstituierten mentalen Textmodells. Die Lernenden treffen nicht mehr nur Ja-Nein-Entscheidungen oder halten Ausschau nach zuvor genau festgelegten Textmerkmalen, sondern sie müssen ihre subjektive Textrepräsentation, ihren persönlichen Zugang zur Romanhandlung, zu den Figuren und Konflikten des literarischen Textes dergestalt artikulieren, dass die epistemische und sprachliche Kohärenz (die Viabilität) ihres Textverständnisses auch für Außenstehende (die Lerngruppe, den Lehrer) erkennbar wird. Die individuelle Verzahnung von Lebensroman und Textangebot muss für die Lerngruppe erfahrbar und beschreibbar gemacht werden. Dieser anspruchsvollen Aufgabe kann nicht jeder Lernende ohne weiteres gerecht werden, weshalb eine schrittweise Annäherung an die eigene Textauffassung, verbunden mit einer zunehmenden Versprachlichung des individuellen Textmodells, unerlässlich ist.

Ausgehend von der Textsicherung dienenden geschlossenen Aufgaben über textstrukturierende und modellbildende halb-offene Formate soll der Leser zu einer eigenständigen Positionierung innerhalb des textlichen Angebots ermächtigt werden. Von entscheidender Bedeutung für ein konstruktivistisches Unterrichtsverständnis ist hierbei, dass der Lehrer den Lernenden selbst entscheiden lässt, an welcher Marke des Lernwegs er in den Texterschließungsprozess einsteigt (siehe Beispiel). Die Niveaustufen A und B können auch übersprungen werden und lediglich als ‚Auffangnetz' dienen, falls im Laufe des Lernprozesses eine Rückversicherung bezüglich grundlegender Textbestandteile erforderlich werden sollte. Im gleichen Maße frei sollten sich die Schülerinnen und Schüler auch bei der Wahl ihres Analyseschwerpunktes fühlen (vgl. Niveau B). Die vom Lehrer ausgewählten thematischen Vorgaben sind zwar relevant für die Erschließung des Textes; dennoch soll kein Leser gezwungen werden, den Text durch eine bestimmte ‚Brille' zu lesen. Stattdessen sollen die Lernenden den kooperativen Austausch mit Mitschülern suchen, die dem Text aus einer anderen Perspektive, mit anderen Fragen und anderen Antworten begegnet sind.

Das unten stehende Unterrichtsbeispiel zu Julia Francks Kurzgeschichte *Streuselschnecke* (Klasse 10) verdeutlicht, wie unter den beschriebenen Voraussetzungen eine sachgerechte didaktische Steuerung durch den Lehrer Hand in Hand gehen kann mit einem individualisierten Textzugriff durch die Lernenden, wie subjektive Textrepräsentation und kooperativer Austausch, inhaltlich-methodische Differenzierung und sprachliche Re-Situierung des Lernprozesses auch in zeitlich begrenzten Unterrichtsphasen wirksam ineinandergreifen könnten.

Julia Franck: ***Streuselschnecke***

Der Anruf kam, als ich vierzehn war. Ich wohnte seit einem Jahr nicht mehr bei meiner Mutter und meinen Schwestern, sondern bei Freunden in Berlin. Eine fremde Stimme meldete sich, der Mann nannte seinen Namen, sagte mir, er lebe in Berlin, und fragte, ob ich ihn kennen lernen wolle. Ich zögerte,
5 ich war mir nicht sicher. Zwar hatte ich schon viel über solche Treffen gehört und mir oft vorgestellt, wie so etwas wäre, aber als es soweit war, empfand ich eher Unbehagen.

Wir verabredeten uns. Er trug Jeans, Jacke und Hose. Ich hatte mich geschminkt. Er führte mich ins Café Richter am Hindemithplatz und wir
10 gingen ins Kino, ein Film von Rohmer. Unsympathisch war er nicht, eher schüchtern. Er nahm mich mit ins Restaurant und stellte mich seinen Freunden vor. Ein feines, ironisches Lächeln zog er zwischen sich und die anderen Menschen. Ich ahnte, was das Lächeln verriet.

Einige Male durfte ich ihn bei seiner Arbeit besuchen. Er schrieb Drehbücher und führte Regie bei Filmen. Ich fragte mich, ob er mir Geld geben würde, wenn wir uns treffen, aber er gab mir keins, und ich traute mich nicht, danach zu fragen. Schlimm war das nicht, schließlich kannte ich ihn kaum, was sollte ich da schon verlangen? Außerdem konnte ich für mich selbst sorgen, ich ging zur Schule und putzen und arbeitete als Kindermädchen. Bald würde ich alt genug sein, um als Kellnerin zu arbeiten, und vielleicht würde ja auch noch eines Tages etwas Richtiges aus mir.

Zwei Jahre später, der Mann und ich waren uns immer noch etwas fremd, sagte er mir, er sei krank. Er starb ein Jahr lang, ich besuchte ihn im Krankenhaus und fragte, was er sich wünsche. Er sagte mir, er habe Angst vor dem Tod und wolle es so schnell wie möglich hinter sich bringen. Er fragte mich, ob ich ihm Morphium besorgen könne. Ich dachte nach, ich hatte einige Freunde, die Drogen nahmen, aber keinen, der sich mit Morphium auskannte. Auch war ich mir nicht sicher, ob die im Krankenhaus herausfinden wollten und würden, woher es kam. Ich vergaß seine Bitte.

Manchmal brachte ich ihm Blumen. Er fragte nach dem Morphium, und ich fragte ihn, ob er sich Kuchen wünsche, schließlich wusste ich, wie gerne er Torte aß. Er sagte, die einfachen Dinge seien ihm jetzt die liebsten – er wolle nur Streuselschnecken, nichts sonst. Ich ging nach Hause und buk Streuselschnecken, zwei Bleche voll. Sie waren noch warm, als ich sie ins Krankenhaus brachte. Er sagte, er hätte gerne mit mir gelebt, es zumindest gern versucht, er habe immer gedacht, dafür sei noch Zeit, eines Tages – aber jetzt sei es zu spät.

Kurz nach meinem siebzehnten Geburtstag war er tot. Meine kleine Schwester kam nach Berlin, wir gingen gemeinsam zur Beerdigung. Meine Mutter kam nicht. Ich nehme an, sie war mit anderem beschäftigt, außerdem hatte sie meinen Vater zu wenig gekannt und nicht geliebt.

Aus: Julia Franck, *Bauchlandung. Geschichten zum Anfassen.* München [4]2008: dtv, S. 55–57.

Arbeitsanweisungen

Interpretiere die Kurzgeschichte *Streuselschnecke* von Julia Franck. Entscheide dich nach Lektüre des Textes und der Arbeitsanweisungen, auf welchem Niveau du mit der Bearbeitung der Aufgaben beginnen möchtest.

> Halte deine Ergebnisse schriftlich fest.
> Du musst mindestens Niveau B erreichen.
> Auf Niveau B kannst du zusammen mit einem/r Mitschüler/in arbeiten. Beachte in diesem Fall die Anweisungen zur Teamarbeit.

Geschlossenes Aufgabenformat

A. Was kann man aus dem letzten Absatz der Geschichte über den Mann schließen? Ist er eine bloße Zufallsbekanntschaft oder der Vater des Mädchens? Begründe.

B. Untersucht zwei Aspekte dieser Kurzgeschichte (Handlungsverlauf, Symbolik) genauer. Bearbeitet hierfür die unten stehenden Teilaufgaben.

Teamarbeit: Teilt die Untersuchung der beiden Aspekte unter euch auf. Die Zusammenfassung (Pkt. 4) wird wieder gemeinsam bearbeitet.

Offenes Aufgabenformat

C. Schreibe einen Interpretationsaufsatz zu Julia Francks Kurzgeschichte *Streuselschnecke*. Die Zusammenfassung aus Niveau B (Pkt. 4) kannst du für die Einleitung verwenden.

Teilaufgaben für Niveau B:

Textnahes Lesen *Textbasierte Erschließung*	*Handlungsverlauf*	*Symbolik*
	1. Die Beziehung zwischen Mädchen und Mann entwickelt sich in jedem Abschnitt weiter. Unterstreiche im Text die Gefühle und Verhaltensweisen des Mädchens gegenüber dem Mann.	1. Die Streuselschnecke spielt eine wichtige Rolle in dieser Geschichte. Unterstreiche im Text, wo sie vorkommt. Erkläre, weshalb das Gebäck für die Beziehung zwischen Mädchen und Mann eine besondere Bedeutung hat.
Aktualisierte Bedeutungszuweisung *Rückbindung an den Text*	2. Erstelle eine Tabelle: Trage zu jedem Textabschnitt in die linke Spalte ein, wie sich das Mädchen verhält (mit Zeilenangabe). Versuche in der rechten Spalte eine Erklärung für die Denk- und Verhaltensweise des Mädchens zu finden.	2. Was verbindest du persönlich mit Streuselschnecken? Berücksichtige eigene Erfahrungen und untersuche die Wortbestandteile (Mind-Map). Suche anschließend nach Textstellen, die deine Überlegungen bestätigen.
Sicherung des Zwischenergebnisses	3. Fasse deine Ergebnisse schriftlich zusammen: Wie entwickelt sich die Beziehung zwischen den Figuren?	3. Fasse zusammen, weshalb die Streuselschnecke symbolisch für das Thema der Geschichte stehen kann.
Präsentation *Vergleich* *Reflexion*	4. *(Zusammenfassung)* • Stellt euch die Ergebnisse der beiden Teilaufgaben gegenseitig vor und überprüft, wo und wie sie sich ergänzen. Diskutiert, weshalb sich die Autorin wohl für diesen Handlungsverlauf und diese Symbolik entschieden hat. • Fasst eure wichtigsten Erkenntnisse in drei Sätzen zusammen; diese sollen das Thema der Kurzgeschichte und euren Deutungsansatz beinhalten.	

Methodenfreiheit

In komplexeren und noch offeneren Lernzusammenhängen, vorzüglich im projektartigen Unterricht, gewinnt neben der individuellen Auswahl von Analyseaspekten und Schwierigkeitsgraden auch die eigenständige Entscheidung für bestimmte *methodische Herangehensweisen* an Gewicht. So sollte den Lernenden, damit das Schreibprodukt die individuelle Textrepräsentation der Lernenden möglichst analog zum Ausdruck bringen kann, eine Auswahl an unterschiedlichen analytischen und gestaltenden, kohärenten und diskontinuierlichen Textsorten zur Verfügung stehen. Das Verständnis einer literarischen Figur kann durch das Verfassen einer Charakterisierung ebenso veranschaulicht werden wie durch ein Pfeildiagramm; die Erkenntnis der Konfliktlinien einer Erzählung kann durch eine Erörterung, aber auch durch die Gestaltung eines Dialogs artikuliert, die Einordnung eines Romans in eine Gattungstradition durch einen tabellarischen Überblick gleichermaßen wie durch den kreativen Transfer der Handlung in ein alternatives Genre oder eine Gattungsparodie bewerkstelligt werden. Je nach biographischem Kontext und sprachlichem Repertoire des Lernenden gewährleisten die methodisch-didaktischen Varianten, dass ein- und derselbe Textgegenstand einen der selbstreferentiellen Lektüreerfahrung der Schülerinnen und Schüler entsprechenden epistemologischen und interpretatorischen Facettenreichtum gewinnt (vgl. Kap. II.1).

Individualisierte Arbeitsphasen bringen autonome Lese-Schreib-Einheiten hervor, die die literarische Wahrnehmung der Schülerinnen und Schüler unmittelbar abbilden. Für den Unterricht fruchtbar gemacht werden können die Ergebnisse aus selbstbestimmten Lese- und Interpretationsphasen, wenn sie nach deren Abschluss oder (im Sinne eines bereits im Vorfeld terminierten Meilensteins) nach Beendigung bestimmter Arbeitseinheiten systematisch und verbindlich in das kollektive Unterrichtsgeschehen reintegriert werden. Mit der Präsentation ihrer eigenen (kontinuierlichen oder diskontinuierlichen) Texte, eines Portfolios, eines Lern- oder Lesetagebuchs sollen die Schülerinnen und Schüler der Lerngruppe ihre ganz persönliche Reflexion des literarischen Werkes zur neuerlichen Lektüre und zum intersubjektiven Austausch anbieten. Dies kann in Form von Plenumspräsentationen und Unterrichtsgesprächen stattfinden, aber auch im Konferenzstil (z.B. Redaktionskonferenzen zur Überarbeitung und Bewertung von Aufsätzen), in

Gruppenpuzzles oder im Rahmen eines schriftlichen Feedbacksystems (z.B. Schreibgespräch, Rezensionen) organisiert werden. Durch die unterschiedlichen thematischen und methodischen Textzugänge, die in dieser Reintegrationsphase aufeinanderstoßen, entsteht ein reizvolles Wechselspiel aus multiperspektivischen Lese- und Schreibprozessen, aus individueller Lektüre und Re-Lektüre, ein spannender Austausch über den Autorentext und das vielstimmige Leseecho der Schülertexte, der auch eine diskursive Annäherung an die Aussagekraft der jeweils entwickelten Lesarten ermöglicht:

> Auf ähnliche Weise wie Portfolios können und sollen im Prinzip alle Ergebnisse individueller und gemeinschaftlicher Lern- und Arbeitsprozesse (Hefteinträge, Aufsätze, Dossiers, Plakate, künstlerische Gestaltungen, Werkstücke, Websites etc.) zum Anlass genommen werden, die Kommunikation über Lernprozesse und Leistungen zu intensivieren und zu verbessern. (Sacher 2004: 243)

2.3 Individualisierung und Kompetenzorientierung

Konstruktivistische Didaktik und Kompetenzorientierung schließen sich grundsätzlich keineswegs aus. Auch im ministeriell verordneten standardbasierten Literaturunterricht sind zahlreiche Anknüpfungspunkte für individualisierende Unterrichtsinhalte, Sozialformen und Verfahren gegeben. Insbesondere bieten kompetenzorientierte Unterrichtsmodelle verschiedene Instrumente der *Binnendifferenzierung* an:

- Regelmäßige Lernstandserhebungen (z.B. Lese-, Rechtschreib- und Wortschatztests, Diagnose- und Vergleichsarbeiten)
- Differenzierende Aufgabenformate (z.B. in Gestalt der Anforderungsbereiche Reproduktion – Reorganisation – Reflexion)
- Differenzierende Beurteilungen von Schülerleistungen auf der Basis unterschiedlicher Niveaustufen (A/B/C), die sich an den amtlichen Regel- oder Mindeststandards orientieren.

Einzelne der von der Ständigen Kultusministerkonferenz der Länder (KMK) für das Fach Deutsch festgeschriebenen Standards weisen auch auf die in unserem Kontext bedeutsame grundsätzliche *Subjektbezogenheit des Lektürevorgangs* hin, beispielsweise wenn die Erkenntnis der Mehrdeutigkeit literarischer Texte als erforderliche Kompetenz beschrieben wird oder neben den Entstehungsbedingungen eines literarischen Werkes auch die „persönlichen Leseerfahrungen" des Lernenden reflektiert werden sollen. Hinweise auf die Fähigkeit, sich im literarischen Gespräch auf die Lesart eines Textes verständigen oder eine eigene Position zu einem Text entwickeln zu können, ergänzen das Bild einer zumindest partiellen Berücksichtigung individueller Leserbedürfnisse und Verstehensbedingungen (vgl. KMK 2012: 20 f.).[1]

Fragmentiertes Textverständnis

Vorrangig jedoch dient der kompetenzorientierte Unterricht dem Erwerb allgemeiner, als kulturell relevant erachteter, zum Beispiel sprachlich-argumentativer Fertigkeiten, die sich in den subjektiven Lernoperationen der Schülerinnen und Schüler in einer mess- und vergleichbaren Entität manifestieren sollen. Kompetenzen sollen nachhaltig erworben werden, was dann der Fall ist, wenn der Lernende (in der Regel nach Abschluss einer bestimmten Schulstufe oder mit dem Erreichen eines bestimmten Abschlusses) die jeweilige Fertigkeit unabhängig von dem Gegenstand, an dem sie ursprünglich trainiert wurde, „in variablen Situationen erfolgreich und verantwortungsvoll nutzen" kann (Klieme 2003: 21).

Die Forderung, einmal erworbene Fertigkeiten in neuartigen Problemkonstellationen und an unbekannten Gegenständen nachweisen zu können, hat nun allerdings ausgerechnet für den *Literaturunterricht* erhebliche Konsequenzen. Um nämlich den Erwerb literarischer Kompetenz überhaupt nachweisen zu können, müssen die komplexen Prozesse und Bestandteile, die einen literarischen Lernvorgang auszeichnen, zerlegt werden in evaluierbare Teilkompetenzen, deren Erfüllung resp. Nichterfüllung anhand konkreter Handlungsanweisungen (Operatoren) sichtbar gemacht werden kann. Was in Fragen von Rechtschreibung und Grammatik oder beim systematischen Erwerb einer Erörterungskompetenz problemlos möglich scheint, bedeutet für den Literaturunterricht einen Paradigmenwechsel, der das tradierte Verständnis von literarischer Bildung auf den Kopf zu stellen droht.

Die unten stehende Synopse fasst die in den aktuell gültigen Bildungsplänen der deutschen Bundesländer am häufigsten genannten literarischen Kompetenzen und Operatoren (kursiv gedruckt) zusammen:

---

1 http://www.kmk.org/fileadmin/veroeffentlichungen_beschluesse/2012/2012_10_18-Bildungsstandards-Deutsch-Abi.pdf (letzter Zugriff: 31.03.2015)

> **Literarisches Lernen: Kompetenzorientierte Standards und Operatoren:**
> - *Anwendung* von Methoden der Texterschließung
> - *Entnahme* von Textinformation; *Wiedergabe* in eigenen Worten
> - *Verständigung* über Inhalt und Aussage eines Textes im Gespräch
> - *Belegen* von Aussagen am Text
> - *Benennen* von Zusammenhängen zwischen Inhalt und Form eines Textes
> - *Untersuchung* sprachlicher Gestaltungsmittel auf ihre Funktion hin
> - *Erkennen und Unterscheiden* verschiedener Textarten an grundlegenden Gattungsmerkmalen und Gestaltungsmitteln
> - *Gebrauch* grundlegender Begriffe der Textbeschreibung
> - *Anwendung* analytischer sowie handlungs- und produktionsorientierter Methoden

Die Kritik zahlreicher Literaturdidaktiker am kompetenzorientierten Literaturunterricht entzündet sich maßgeblich an dem *mechanistischen Bildungsbegriff*, der in solchen Standards und Operatoren zum Tragen komme. Der immer wieder geäußerte Vorwurf, der kompetenzorientierte Unterricht realisiere einen „Interventionstraum vom Messen, Standardisieren und Bewerten" (Arnold 2007: 60 f.), richtet sich gegen die Reduktion des literarischen Bildungsbegriffs auf eine additive und katalogisierbare Größe, die kontextunabhängig erkannt, entnommen, und benannt werden können muss. Das Resultat einer solchen „psychometrische[n] Usurpation des literaturdidaktischen Terrains" (Kammler 2011: 7) sei eine unterkomplexe Vorstellung von Lesekompetenz, die literarisches Lernen nicht mehr als „Wechselspiel zwischen dem Ich und den sprachlichen Sinnangeboten des Textes" (Wintersteiner 2011: 17) versteht, sondern als Übungsfeld für gesellschaftlich und ökonomisch brauchbare Kulturtechniken.

Anstatt individuelle Text-, Ich- und Weltentdeckungen zu befördern, laufe ein ausschließlich kompetenzorientiert konzipierter Literaturunterricht mithin Gefahr, nur mehr solche Lesetechniken und Textbewältigungsstrategien zu vermitteln, die einer „Einübung in kulturindustrielle Praktiken" sowie dem „Erwerb eines entsprechenden Habitus instrumenteller Handlungsfähigkeit" (Pflugmacher 2010: 60) dienen:

> Es macht, so meine ich, einen immensen Unterschied aus, ob wir Kompetenzen als eine Methode zur Überprüfung von Leistungen einsetzen, oder ob wir sie zum Paradigma, zum Leitstern der Literaturdidaktik machen. [...]
> Wenn sich unter diesen Vorzeichen die Literaturdidaktik aber tatsächlich rund um die Kompetenzorientierung neu gruppiert, wird aus einer kritischen Wissenschaft bloße Unterrichtstechnologie. [...] Wir kämen damit genau in das Dilemma, das Tzvetan Todorov beschreibt, wenn er kritisiert, dass die Literatur bald nur mehr dazu dient, die Methoden zu erlernen, die man zu ihrer Interpretation braucht. (Wintersteiner 2011: 10 f.)

Durch eine Konzentration auf die operationalisierbaren Aspekte literarischen Lernens erweckt der kompetenzorientierte Literaturunterricht in der Tat den Eindruck, literarische Bildung könne grundsätzlich sowohl unabhängig vom Gegenstand als auch von den Verstehensbedingungen des einzelnen Lesers erworben werden. Um die jeweils angestrebte Kompetenz zu erreichen, scheint es zu genügen, wenn die geforderten Fertigkeiten an exemplarischen Gattungsbeispielen, Textstellen und Werkauszügen eingeführt, geübt und überprüft werden. Literarische Standards wie das „Kennen und Anwenden wesentlicher Fachbegriffe zur Erschließung von Literatur" (KMK 2004: 14) suggerieren, dass der Unterricht ein „vom einzelnen Text ablösbares Wissen der Literatur" zu vermitteln hätte, das „gleichsam aus der Summe literarischer Strukturen herausgekocht werden kann" (Baum 2010: 199 f.).

Konsequenzen für den Unterricht

Die unterrichtspraktischen Konsequenzen dieser kompetenzorientierten Prämisse lassen sich besonders gut in aktuellen Schulbüchern beobachten. Ein Beispiel: In einem vorbildlich kompetenzorientiert gestalteten Deutschbuch für die Kursstufe sollen zum Zwecke einer kontrastiven Untersuchung jugendlicher Lebensentwürfe vier Romananfänge zeitgenössischer Autoren (Juli Zeh, Peter Stamm, Karen Duve, Siegfried Lenz) miteinander verglichen und in Relation zu den ersten sieben Zeilen von Fontanes *Effi Briest* gesetzt werden (*deutsch ideen*, Braunschweig 2009: Schroedel, S. 154 ff.). An anderer Stelle („Romanauszüge interpretieren", S. 62 f.) wird am Beispiel zweier kurzer Passagen aus den *Effi*-Kapiteln zwei und drei die vorausdeutende Funktion einer Szene erarbeitet sowie die Charakterisierung einer literarischen Figur eingeübt. Im thematischen Zusammenhang „Gesellschaftskritik in Epochen des 19./20. Jahrhunderts" sollen die Schülerinnen und Schüler schließlich mithilfe einer kurzen Dialoganalyse (Innstetten im Gespräch mit Wüllersdorf, Kapitel 27) die Duellfrage und ihren sozialgeschichtlichen Hintergrund beleuchten (S. 166 f.). In keinem der Schulbuchkapitel wird die Lektüre des gesamten Fontane-Romans oder eine genauere Kenntnis der zitierten Gegenwartstexte vorausgesetzt; eine Bearbeitung der Aufgaben unter Hinzuziehung individueller Lektüreeindrücke ist ebenfalls nicht vorgesehen.

Ein Literaturunterricht, der, wie in diesem durchaus repräsentativen Beispiel, den literarischen Gegenstand nur noch zum Anlass für eine von eigener Leseerfahrung unbehelligte Diskussion über „Jugenderfahrungen damals und heute" nimmt oder als zeithistorisches Dokument für den Ehrendiskurs heranzieht, verpasst sowohl den Wesenskern als auch die originäre Funktion des Literarischen. Erkennt man hingegen an, dass literarische Texte komplexe ästhetische Sprachwirklichkeiten kreieren, deren Realitätsgehalt sich im Lektüreakt jedes einzelnen Lesers auf je eigene Weise und immer wieder neu konkretisiert, dann bleibt dem Literaturunterricht überhaupt keine andere Wahl, als diesen „Selbstvollzug" (Arnold 2007: 60) des literarischen Lernens, die Begegnung zwischen Lebensroman und Text, in das Zentrum seiner Bemühungen zu rücken. Erst durch die Herstellung subjektiver Bedeutsamkeit – und nicht durch den „Nachvollzug von allgemeinen Einsichten, die literaturdidaktisch vorprogrammiert wurden" (Wintersteiner 2011: 19) – erhält der Literaturunterricht seine Existenzberechtigung.

Ein konstruktivistischer Kompetenzbegriff

Der konstruktivistische Literaturunterricht will sich von der Vorstellung, dass literarisches Lernen vornehmlich auf einer „gedanklich-sprachliche[n] Aktion" (Rumpf 1994: 106) zwischen wissensverwaltendem Lehrer und Lernenden basiere, verabschieden und die Vermittlungstätigkeit der Lehrkraft weitgehend ersetzen durch das Bereitstellen vielfältiger Lernumgebungen, die einen selbstbezüglichen Texterkenntnisprozess und eine produktive Auseinandersetzung mit dem eigenen Lebensroman ermöglichen. Entsprechend müsste auch ein konstruktivistisch profilierter *Bildungsplan* – in Ergänzung einer ausschließlich kompetenzorientierten Rasterung literarischer Lese- und Lernresultate – die exklusive Bedeutung jedes einzelnen subjektiven Textzugangs hervorheben. Ein Bildungsplan, der eine hohe „subjektive Involviertheit" (Spinner 2006: 8) der Schülerinnen und Schüler gewährleistete, könnte sogar zu einer *Erweiterung* des literarischen Kompetenzbegriffs beitragen: Denn als kompetent – von motivationalen und volitionalen Aspekten ganz zu schweigen – sind junge Leserinnen und Leser nicht schon dann zu bezeichnen, wenn sie ein Repertoire relevanter Texterschließungsmethoden beherrschen, das sie zielgenau zum Einsatz bringen können. Literarische Kompetenz beinhaltet vor allem, dass ein Leser über die Fähigkeit verfügt, seine mentalen Textmodelle selbstkritisch zu beschreiben und weiterzuentwickeln, und zwar mit dem Ziel, nicht nur die jeweils aktuelle Texterfahrung, sondern auch sich selbst und die eigene biographische Welterfahrung einem permanenten Reflexionsprozess zu unterziehen (vgl. Spinner 2007: 28).

3 Lektüre zweiter Ordnung

3.1 Den eigenen Lesestandort berücksichtigen

Der konstruktivistische Literaturunterricht plädiert für den Einsatz individueller Texterschließungsverfahren, da diese dem Lernenden eine selbstbezügliche (Erst-)Begegnung mit der semantischen Unbestimmtheit des literarischen Textes ermöglichen. Dieses *Primat der Individualisierung* bedeutet jedoch mitnichten, dass im konstruktivistischen Literaturunterricht eine gleichsam solipsistische Didaktik praktiziert würde, die auf eine von allgemeinen Lernzielen geleitete Zusammenführung und Überprüfung der unterschiedlichen mentalen Textmodelle verzichtete. Intersubjektive Texterschließungsprozesse in Lerngruppen nehmen auch im konstruktivistischen Literaturunterricht einen erheblichen Anteil der didaktischen Agenda ein. Jedoch werden sie stets vom Individuum und seinem autopoietischen Textverständnis aus gedacht, konzipiert und umgesetzt.

Eine gemeinsame Annäherung an den Text ist aus konstruktivistischer Sicht nur vorstellbar, wenn die Lernenden den selbstreferentiellen Anteil ihres Textbildes erkennen, beschreiben und bei ihrer Analyse eines literarischen Werkes berücksichtigen. Um ein kollektives Textverständnis herstellen zu können, müssen die Schülerinnen und Schüler lernen, die biographischen, emotionalen, sozialen und kommunikativen Bedingungen ihrer Interpretationsarbeit wahrzunehmen und als Erkenntniskategorie zu identifizieren. Erst eine solche *Beobachtung zweiter Ordnung* ermöglicht es, ein strukturelles Nicht-Verstehen, das aufgrund unartikulierter epistemologischer

Diskrepanzen unvermeidlich wäre, zu verhindern und die wechselseitige Assimilierung der verschiedenen Textbilder möglichst transparent zu gestalten:

> Konstruktivismus [bedeutet], Standortgebundenheit [...] als grundlegende Bedingung jeden Verstehens explizit zu machen und den Standort des Schülers auf eine höhere Beobachterebene zu bringen. (Maiwald 2010: 90 f.)

Der Lehrer als Leser

Von einer epistemologischen Standortgebundenheit im Verständnis literarischer Textwelten ist der Lehrende freilich genauso wenig ausgenommen wie die Lernenden. Auch für den Deutschlehrer als berufsmäßigen Leser besitzen die Annahmen des konstruktivistischen Leseverständnisses uneingeschränkte Gültigkeit. Denn selbst wenn der Lehrer über einen noch so komplexen literaturwissenschaftlichen Kontext verfügt, so sind auch *seine* Textrepräsentationen (ebenso wie seine didaktischen Entscheidungen) weder frei von spezifischen Leserinteressen noch von biographischen Einflüssen oder Erfahrungen, die er im Laufe seiner Lesesozialisation gesammelt hat – von situativen Einflüssen oder persönlichen Geschmacksurteilen ganz zu schweigen.

Unabhängig davon, mit welchem Grad an hermeneutischer Professionalität sich der Lehrer vor seinen Schülerinnen und Schülern exponiert, ob er die Lernenden mithilfe analytischer oder handlungsorientierter, enger oder offener, lehrer- oder schülerzentrierter Methoden an den Text heranführen will, mit welchen Materialien er die Textbegegnung der Lerngruppe zu motivieren, zu steuern, zu bereichern oder zu konterkarieren versucht, auf welche Weise er Schülerbeiträge kommentiert und beurteilt – stets muss er sich bewusst sein und seinen Schülerinnen und Schülern deutlich signalisieren, dass auch *sein* Deutungsansatz, auch *sein* Textzugang ein *gemachter* ist, ein mentales Konstrukt, in dem sich die selbstbezügliche Texterfahrung eines (im konstruktivistischen Sinne) produktiven Lesers konkretisiert.

Das Expertentum des Lehrers soll durch die Feststellung seiner Selbstbezüglichkeit freilich ebenso wenig diskreditiert werden wie – man denke an die Bewertung von Prüfungsleistungen – die Bedeutung wissenschaftlicher Standards (Gattungs- und Epochenwissen, Fachtermini der Textanalyse etc.), wie sie beispielsweise kompetenzorientierte Bildungspläne formulieren. Entscheidend für den konstruktivistischen Literaturunterricht ist jedoch, dass – unabhängig von der eigentlichen Qualität einer interpretatorischen Äußerung – die systemische Bedingtheit einer jeden hermeneutischen Praxis deutlich wird, dass Fachbegriffe, Deutungshypothesen, ästhetische Theorien etc. „keine naturwüchsigen Ontologien, sondern mentale Konstrukte [sind], mit denen wir Wirklichkeit erst hervorbringen" (Maiwald 2010: 91).

Jeder Literaturunterricht kreiert einen Diskurs, in dem so viele Vorstellungen des gelesenen Werkes kursieren, wie Beobachter im Raum sind. Jeder Beobachter bringt eine eigene autopoietische Textrepräsentation in den Unterricht ein, deren Schnittmenge mit den Textzugängen der anderen Schülerinnen und Schüler zunächst weder falsifizierbar noch verifizierbar ist. Um eine Erweiterung und Differenzierung, vor allem aber eine Annäherung der vorhandenen Textbilder zu erreichen, muss den Lernenden die Konstruktivität dieser Bilder erst einmal vor Augen geführt werden. Sämtliche am hermeneutischen Diskurs Beteiligten müssen aus einer Meta-Perspektive die subjektive Herkunft ihrer ästhetischen Erfahrung wahrnehmen und die Entstehungsbedingungen ihrer Äußerungen reflektieren und thematisieren können. Dies kann in schriftlicher oder mündlicher Form, sollte zunächst alleine, in einem zweiten Schritt dann in Partner- oder Gruppenarbeit oder im Austausch mit dem Lehrer geschehen. Entscheidend ist der Schritt von der bloßen Lektüre des Textes zur Lektüre der eigenen Lektürebedingungen, die wiederum eine differenziertere Rückkehr zum Text ermöglichen soll.

In deutlichem Kontrast zur Kompetenzorientierung ist im konstruktivistischen Literaturunterricht somit weniger das Ergebnis eines hermeneutischen Prozesses als der *Prozess selbst* von Interesse. Denn erst durch einen Diskurs zweiter Ordnung können die individuellen Eigenheiten eines literarischen Urteils, eines gestaltend-interpretierenden Schreibauftrags oder eines Redebeitrags ergründet werden und wird auch für den Lehrer die Differenz zwischen einer Schüleräußerung und seinem fachwissenschaftlichem Erwartungshorizont nachvollziehbar.

3.2 Selbstbeobachtung und Fremdbeurteilung

Fremdwahrnehmung als Differenzerfahrung

Der Übergang von der Selbstwahrnehmung zur Beobachtung und Beurteilung durch andere stellt im konstruktivistischen Unterricht eine aus erkenntnistheoretischen Gründen schwierig zu realisierende Phase dar. Jede

Beurteilung von außen bedeutet eine Kollision zweier zunächst völlig unabhängig voneinander existierender Beobachtungssysteme mit unterschiedlichen epistemischen Bedingungen und Operationen, mit divergierenden Lese- und Erkenntnisinteressen. Kein Lektüreverständnis ist unmittelbar und ohne semantische Verschiebungen oder Verluste in ein anderes Wahrnehmungssystem integrierbar. Keine Lernleistung vermag die Komplexität des beim Leser entstandenen kognitiven Textmodells für einen außenstehenden Beobachter umfassend darzustellen.

Die qualitative Vielfalt interpretatorischer Äußerungen konfrontiert den Beurteiler mit *Differenzerfahrungen*, die über unterschiedliche sprachliche und inhaltliche Qualitätsmerkmale hinaus stets auch den divergierenden *biographischen Zugriff* auf ein literarisches Thema einschließen. Sollen in diesem epistemologischen Rahmen vergleichbare Beurteilungen von Schülerleistungen zustande kommen, muss der Beurteiler in der Lage sein, objektive, für die gesamte Lerngruppe gültige Kriterien von subjektiven Maßstäben zu trennen und beide Aspekte auf unterschiedliche Weise in sein Urteil einfließen zu lassen.

Konstruktivistische Bewertungsrichtlinien

Eine konstruktivistisch sensible Transparenz des Bewertungsprozesses setzt zunächst voraus, dass die einer späteren Bewertung zugrunde liegenden objektiven Kriterien, also die erwarteten inhaltlichen und instrumentellen Teilkompetenzen und Fertigkeiten, bereits vor Beginn der Arbeitsphase eindeutig benannt sind und dass diese keine thematischen oder methodischen Präferenzen erkennen lassen, die den Deutungsweg der Schülerinnen und Schüler präfigurieren könnten. Vor allem aber sollten die Beurteilungsmaßstäbe nicht einfach durch den Lehrer dekretiert, sondern – um das bloße Abarbeiten eines vom Endbeurteiler aufgezeigten Erwartungshorizonts zu vermeiden – zusammen mit den Schülerinnen und Schülern entwickelt werden. Für Phasen, in denen sich die Lernenden gegenseitig Rückmeldung geben, empfiehlt es sich, neben dem gemeinsam erarbeiteten Kriterienkatalog einen vom Lehrer gestalteten Beobachtungsbogen für die Hand des bewertenden Schülers einzusetzen; dieser hilft bei der praktischen Umsetzung von womöglich sehr allgemein formulierten Bewertungsrichtlinien und baut Hemmschwellen ab, wenn es beispielsweise darum geht, qualitative Eindrücke zu einem Notenurteil zu bündeln.

Ungleich schwieriger sind Aussagen über den subjektiven Anteil einer Schülerleistung zu treffen. Für den Lernenden ist jedoch gerade diese Komponente des Lehrerfeedbacks von besonderer Bedeutung, denn allein im individuell gewählten Zugang zum Textverständnis zeigt sich die *persönliche Bedeutsamkeit* des Textes für den Schüler. Wie jedoch soll ein aus biographischen Gründen gewählter Textzugang durch einen Außenstehenden beurteilt werden können? Wie kann eine kognitive ‚Brücke' zwischen Lerner und Beurteiler gebaut werden, die eine Annäherung und einen Austausch zwischen ihren selbstbezüglichen Textvorstellungen ermöglicht, ohne dass der intime Bereich persönlicher Textimagination allzu aufdringlichen Blicken und Fragen ausgesetzt wird?

Eigene Textzugänge begründen

Eine konstruktivistische Bewertung von Schülerarbeiten ist auf systematische *Selbstbeobachtungsphasen* und *prozessorientierte Bewertungsmodi* angewiesen, die dem Lehrer bereits *vor* der Endbeurteilung regelmäßige Einblicke in den Lese- und Lernweg des Schülers gestatten und dem Lernenden die Sicherheit vermitteln, unabhängig von seinen persönlichen Vorstellungen und Vorlieben eine unparteiische Supervision seines Lernprozesses zu erfahren. Wenn Schülerinnen und Schüler angehalten werden, ihre Lese- und Lernprozesse, ihre methodische und inhaltliche Kompetenzprogression, ihre individuellen Stärken und Entwicklungspotentiale zu analysieren, dann schafft der Unterricht nicht nur eine „wesentliche Voraussetzung dafür, die eigene Aufmerksamkeit zu kontrollieren, Lernstrategiewissen aufzubauen und so das eigene Lernen besser steuern zu können" (Häcker 2007: 73); er ermöglicht, sofern die Ergebnisse der Selbstbeobachtungsphasen für einen kontinuierlichen Austausch zwischen Lernenden und Lehrendem genutzt werden, darüber hinaus auch eine sukzessive und differenzierte Annäherung zwischen den am Lern- und Bewertungsprozess beteiligten Textbeobachtungssystemen. Der Lernbegleiter und spätere Beurteiler kann nachvollziehen, wie sich das Textverständnis des Lernenden entwickelt und aus welchen biographischen Komponenten es sich zusammensetzt.

Im konstruktivistischen Literaturunterricht, der den Schülerinnen und Schülern bei der inhaltlich-thematischen Auswahl ihres Textzugangs wie bei Entscheidungen für bestimmte Texterschließungsstrategien die größtmögliche Freiheit einräumt, sollen die Lernenden die von ihnen eingeschlagenen

Lektürewege also immer wieder reflektieren, was die Forderung nach Optimierung wie die Möglichkeit der Revision des jeweiligen Deutungsmodells umschließt. Das bedeutet, dass jeder Schüler die Wahl seiner Methoden wie auch seine inhaltliche Akzentuierung begründen und die Effektivität seines Ansatzes beurteilen können muss: Die Entscheidung für einen Dialog oder mehrere Tagebucheinträge zur Charakterisierung einer Figur (anstatt einer analytischen Methode) muss ebenso begründet werden können (z.b. mit der Vorliebe des Schülers für kreative Textproduktion oder der charakteristischen, quasi selbsterklärenden Sprache einer Figur) wie die Entscheidung, sich weniger mit dem literarischen Personal eines Textes als beispielsweise mit seinem sozialgeschichtlichen Konfliktpotential oder den produktionsästhetischen Bedingungen seiner Entstehungszeit auseinanderzusetzen (da dieser diachrone Zugriff womöglich dem historischen Grundinteresse des Schülers entspricht).

In regelmäßigen Abständen (z.B. nach jedem abgeschlossenen Arbeitsschritt) sollen die Schülerinnen und Schüler sowohl ihre subjektiven Erkenntnisbedingungen reflektieren, d.h. sie sollen durch die Identifikation von biographischen Mustern oder Leseerfahrungen sowie von hieraus resultierenden aktuellen Lese- und Deutungsinteressen die Selbstbezüglichkeit ihres interpretatorischen Tuns erkennen, als auch die Eignung der gewählten analytischen, produktiven etc. Verfahren für die Erschließung des jeweiligen literarischen Textes beurteilen lernen und alternative Textzugänge ausprobieren. Die in diesen Selbstbeobachtungsphasen gezeigte Reflexionskompetenz wird auch bei der konstruktivistisch motivierten *Bewertung* von Schülerleistungen eine gewichtige Rolle spielen – wobei jedoch unbedingt zu berücksichtigen ist, dass nicht die individuelle Entscheidung des Lerners für oder gegen einen bestimmten Textzugang, sein persönlicher Geschmack oder gar schutzbedürftige biographische Erfahrungen Gegenstand von Beobachtung und Beurteilung durch den Lehrer sein sollen. Die Eigenheiten subjektiver Text- und Wirklichkeitsvorstellungen gehören nicht in den Beobachtungsbereich des Lehrers, sondern sind durch den Lernenden in regelmäßigen Selbstreflexionsprozessen zu analysieren.

Viabilität der Gesamtleistung

Umso gründlicher hat der Lehrer darauf zu achten, inwiefern *innerhalb* der inhaltlichen und formalen Entscheidungen des Lernenden die *Viabilität* des entwickelten kognitiven Textmodells gewährleistet ist, ob also inhaltliche

Themensetzung, Deutungshypothesen, konkrete Textbeobachtungen und gewählter methodischer Zugang eine kohärente Interpretation ergeben, im Laufe des Lektüreprozesses ausreichend reflektiert und verfeinert wurden und persönlich begründet werden können. Richtschnur für eine konstruktivistisch geleitete Bewertung von Schülerleistungen muss immer sein, ob die Interpretation des literarischen Textes sowohl eine klare *Anbindung* an die Individualität des Lesers als auch eine systematische *Rückbindung* an den Text aufweist, ob der Lernende seine hermeneutischen Operationen (z.B. die Auflösung von Unbestimmtheitsstellen, die Analyse von Symbolen oder Konflikten) im gleichen Maße auf ihren biographischen Selbstbezug hin befragt wie auf ihre textbezogene Validität (z.B. durch kontinuierliche Textreferenzen).

Lernbegleitung

Schließlich muss der Lehrer auch im Rahmen einer konstruktivistischen Beurteilungskultur stets die *Lernbedingungen* der einzelnen Schülerinnen und Schüler im Blick behalten. Die alleinige Übertragung der interpretatorischen Verantwortung auf den Einzelnen und seine autopoietischen Lektüreoperationen darf nicht dazu führen, dass die Lernenden für ihren Erfolg bzw. Misserfolg „individuell haftbar" gemacht werden:

> In schulischen Lehr-Lern-Kontexten wird [...] bei der Beurteilung von Lernergebnissen in der Regel *nicht* gefragt, ob die Lernenden Gelegenheit hatten, herauszufinden, *wie* sie am besten lernen, ob sie bei ihrem Lernen angemessen *unterstützt* wurden, ob sie in ihrem *eigenen Tempo* lernen konnten, ob sie *Lernort*, *Zeitpunkt* und die *Partner* wählen konnten usw. (Häcker 2007: 74)

Der konstruktivistische Literaturunterricht entbindet den Lehrer nicht nur nicht von seiner Pflicht zur Einzelberatung, zur Diagnose von Textverständnis- und Schreibproblemen oder zur Bereitstellung differenzierender Informations- und Fördermaterialien (z.B. zu den formalen Kriterien einer vom Schüler präferierten gestaltenden Textsorte oder zum Aufbau einer dialektischen Erörterung), sondern er rückt die Lernbegleitung geradezu ins *Zentrum* des pädagogischen Aufgabenspektrums (vgl. Bräu 2007: 178 ff.). Die konstruktivistische Gestaltung literarischer Lernprozesse muss deshalb nicht nur die individuellen Freiräume der Lernenden, sondern auch den Handlungsspielraum der *Lehrenden* vergrößern.

3.3 Metakognition als didaktisches Prinzip

Der Lehrer als Experte für Selbstbezug

Damit die Schülerinnen und Schüler nachvollziehen können, was es bedeutet, die „Verstehenshoheit" (Härle 2004: 151) für einen literarischen Text zu übernehmen und den jeweils eigenen Standort ihrer literarischen Konstruktionsleistung immer wieder zu betrachten und kritisch zu hinterfragen, muss sich im konstruktivistischen Literaturunterricht auch und zuallererst der *Lehrer* vor der Klasse in eine Position begeben, die ihn selbst als *Leser* kenntlich macht, als einen im Text Suchenden, sich durch den Text Fragenden, von seinen eigenen kognitiven Bedingungen und Möglichkeiten gelenkten Beobachter. Der Lehrer muss seine eigenen Texterschließungsverfahren offen legen, den Wissenskontext aufzeigen, in dem sein literarisches Urteil entstanden ist, die subjektiven Faktoren seines Leseprozesses benennen und bewerten, kurz: seine Deutung des literarischen Textes als Ergebnis einer interpretatorischen *Konstruktion* markieren.

Indem der Lehrer Einblicke in die Komposition seines literarischen Urteils ermöglicht und die wissenschaftlichen, aber auch die subjektiven Bestandteile seines Textverständnisses darlegt, signalisiert er die *Erlernbarkeit* professioneller Lektüre ebenso wie die persönliche *Verbundenheit* eines jeden Lesers mit seinem mentalen Textmodell: Als erfahrenes und geübtes Leservorbild ist er nicht nur Vermittler von Lesekompetenzen sondern auch von metakognitiven Strategien, die eine kritische Reflexion des eigenen literarischen Urteils erlauben. Sein Vorbildcharakter erstreckt sich somit über eine Texterkenntnis erster *und* zweiter Ordnung.

Die Meisterleser-Methode

Die Idee, den Lehrer als einen solchen „Meisterleser" (Willenberg 2007) wirken zu lassen, ist unmittelbare methodische Konsequenz der epistemologischen Einsicht, dass auch die Lektüre des Lehrers von selbstbezüglichen Konstruktionsprozessen geprägt ist. Das Verfahren sieht vor, dass sich der Meisterleser der Lerngruppe als ein laut nachdenkender Leser präsentiert, der den Schülerinnen und Schülern seinen persönlichen Texterschließungsprozess öffentlich und in didaktisch aufbereiteter Form vorführt. Schrittweise demonstriert der Meisterleser, wie sich während seiner Lektüre Fragen auftun, wie er Leerstellen identifiziert, Deutungshypothesen aufstellt und verwirft und wie er schließlich zu einem kohärenten Verständnis des Textes gelangt.

Sein komplexes mentales Modell des Textes gestattet dem Meisterleser, Verständnisschwierigkeiten der Schülerinnen und Schüler zu antizipieren und diese in seinen offengelegten Denkprozess zu integrieren. Durch Innehalten sowie durch retardierende oder redundante Phasen kann er den Lernvorgang der Lernenden unterstützen. Der Meisterleser kann auf Textverständnisprobleme und damit auf eine ästhetische Komplexität der literarischen Vorlage hinweisen, die den jungen Leserinnen und Lesern bei ihrer eigenen Lektüre womöglich gar nicht aufgefallen ist; zugleich kann er Strategien zur Lösung von Leseschwierigkeiten entwickeln und vorführen. Mit unvollständigen oder gar widersprüchlichen Problemlösungen zu einem Text kann er schließlich die Lerngruppe zu gedanklicher Eigenleistung motivieren. Vor allem aber führt der Meisterleser seinen Schülerinnen und Schülern vor, dass die Begegnung zwischen Leser und Text als unabschließbarer *Dialog* verstanden werden muss und dass ein Text immer nur die Fragen beantworten kann, die ein Leser auch an ihn stellt.

Die Meisterleser-Methode ist als Lehrervortrag mit selbstreflexiven Einschüben im Sinne einer exemplarischen Leserbeobachtung zweiter Ordnung konzipiert. Als Texterschließungsmethode kann dieses Verfahren aber auch im *schülerzentrierten* Literaturunterricht eingesetzt werden: In kleinen Gruppen oder im Klassenverband können die Lernenden das laute Denken fortführen und unter Zuhilfenahme von Arbeitsblättern, die „allgemeine Ratschläge für die Lösungsprozedur" (Willenberg 2007: 183) beinhalten, an neuen Problemstellungen erproben. Der Übergang vom vorbildhaft lesenden Lehrer auf die mit der Methode noch nicht oder nur wenig vertraute Lerngruppe sollte allerdings stufenweise gestaltet werden: Die Schülerinnen und Schüler sollen in ihren ersten Meisterleser-Versuchen zunächst kleinere Textpassagen oder isolierte Probleme beleuchten, Textfortsetzungen oder Paralleltexte analysieren, das Vorwissen aus dem Lehrervortrag verarbeiten, thematisch fokussieren und sich auf Synthesen oder Inferenzbildungen konzentrieren können. Erst in fortgeschrittenen Arbeitsphasen sollten sie einen kompletten Text völlig selbstständig laut denkend analysieren (vgl. Willenberg 2007: 183 f.).

Der Vortragsstil der Meisterleserrede beansprucht auch bei stark reduziertem Sprechtempo des Lehrers die volle Konzentration der Lernenden.

Um die Schülerinnen und Schüler nicht zu überfordern, sollten in den Vortrag immer wieder redundante Passagen sowie Meilensteine eingebaut werden, die Nachfragen oder Übungsphasen ermöglichen. Grundsätzlich zeigt die Erfahrung allerdings, dass es die große Mehrheit der Schülerinnen und Schüler durchaus schätzt, einmal ihrem Lehrer beim Interpretieren eines Textes zuhören und folgen zu können. Die Lernenden können den Vortrag nutzen, um sich einzelne Arbeitsschritte, Fragen und Beobachtungen zu notieren und diese bei der späteren eigenständigen Bearbeitung des Textes heranzuziehen.

Immer wieder fällt auf, dass die Methode des Meisterleservortrags den Schülerinnen und Schülern besonders deutlich ins Bewusstsein führt, welches Selbstverständnis die Literaturwissenschaft hat, mit welchen Methoden und Erkenntniszielen sie operiert und zu welchem interpretatorischen ‚Output' ein professioneller Leser zu gelangen vermag. Das Meisterleserverfahren kann also mit Blick auf die durch den Vortragenden demonstrierte textanalytische Handlungskompetenz ohne weiteres als kompetenzorientierte Methode bezeichnet werden. Zusätzlich jedoch werden die Lernenden durch die eingestreuten subjektiven Botschaften des Lehrers (z.B. Irritation und Ratlosigkeit beim Lesen, Erinnerungen an frühere Lektüren, persönliche Erfahrungen mit den im Text dargestellten Themen und Problemen, mögliche Fehleinschätzungen von Figuren etc.) zu einer weiterführenden Texterschließungsarbeit sowie zur Auflösung offen gebliebener Unbestimmtheitsstellen angespornt. Schülerinnen und Schüler fühlen sich durch den selbstreflexiven Lehrervortrag ermuntert, in methodischer Imitation des Meisterlesers nun auch ihre eigenen Zugänge zum literarischen Text zu entwickeln, Leseerfahrungen und Leseerinnerungen, persönliche Assoziationen und Hypothesen einzubringen und differenziert zu artikulieren und mit einem kritischen Blick zweiter Ordnung den subjektiven Bedingungen ihres Lektüreverständnisses nachzugehen.

4 Handlungs- und Produktionsorientierung

4.1 Theoretische Grundlagen und didaktische Intention

Mit der Hinwendung zu handlungs- und produktionsorientierten didaktischen Ansätzen vor knapp 30 Jahren begann sich die Literaturdidaktik für Unterrichtsverfahren zu öffnen, die „die emotiven und kognitiven

Fähigkeiten der Schüler gleichermaßen beanspruch[en] und speziell das Bedürfnis nach einer ganzheitlichen Annäherung an Texte zu stillen [vermögen]" (Haas 2011:42). Lehrerzentrierte, weitgehend frontal organisierte und analytisch ausgerichtete literarische Lernprozesse wurden sukzessive ersetzt bzw. ergänzt durch handlungs- und produktionsorientierte Methoden: durch Schüler aktivierende, sich auf das imaginative Potential der jungen Leser berufende Verfahren, in denen die Lernenden ihre individuelle Lesart des literarischen Textes mit individuellen Mitteln zum Ausdruck bringen sollen. Im handlungs- und produktionsorientierten Literaturunterricht, so die immer wieder angeführte Begründung, könne jeder Schüler sein ganz persönliches Bild des gelesenen Textes nahezu ungefiltert zum Ausdruck bringen und eine Konkretisation des Textes realisieren, in der „nicht nur der Text, sondern ebenso die Bedürfnisse und Erfahrungen der Lesenden Regie [führen]" (Scheller 2010: 27):

> In diese imaginative Konkretisation bringt [der Leser] sein eigenes Fühlen und Erleben, seine Bedürfnisse und Interessen, seine Vorstellungen und Einstellungen mit ein und vollzieht damit assoziativ und emotional seine eigene subjektive Aneignung des Textes: die Weise, wie er sich in sein Geschehen einfühlt, sich mit seinen Figuren identifiziert, ihre Schicksale miterlebt usw. Jeder Leser liest einen literarischen Text anders; und der Text ist ein anderer, je nachdem, wer ihn liest, und er ist jeweils der, als den sein Leser ihn liest. (Waldmann 2007: 32).

Handlungs- und produktionsorientierte Unterrichtsverfahren scheinen den in Kapitel I.2.1 genannten Anforderungen an einen konstruktivistischen Literaturunterricht – individuelle Textbegegnung und selbstbezügliche Texterschließung, Selbsterfahrung durch selbstbestimmte Lektüre – in besonderer Weise zu entsprechen. Sie geben einen methodischen Rahmen vor, den Schülerinnen und Schüler unabhängig von prästrukturierenden Texterschließungsvorgaben mit ihrer individuellen Lektüreerfahrung ausfüllen können.

Theoriedefizite

Die inzwischen flächendeckende Verbreitung szenischer und gestaltender Unterrichtsverfahren darf indes nicht darüber hinwegtäuschen, dass der handlungs- und produktionsorientierte Literaturunterricht in seiner Planung wie in der Durchführung häufig unter einer erheblichen konzeptionellen Unschärfe sowie mangelnder theoretischer Durchdringung leidet, weshalb er der Intention eines konstruktivistischen Literaturunterrichts manchmal sogar zuwiderläuft, anstatt diese zu unterstützen.

Fast alle relevanten Veröffentlichungen zur handlungs- und produktionsorientierten Literaturdidaktik rekurrieren mehr oder weniger explizit auf konstruktivistische Begrifflichkeiten und Argumentationsmuster: So wird die Bedeutung des subjektzentrierten Umgangs mit Literatur in der Schule immer wieder damit begründet, dass jegliches Leseverständnis eine selbstbezügliche „Konstruktion des Lesers" (Haas/Menzel/Spinner 1994: 18) darstelle, weshalb im Literaturunterricht das Bemühen um allgemeingültig-objektivierbare Textdeutungen in den Hintergrund treten müsse zugunsten individueller, vorzugsweise handlungs- und produktionsorientierter Sinnkonstitutionen. Denn auch wenn die Mitglieder einer Lerngruppe in der Regel durch vergleichbare kollektive, also vor allem ökonomisch-soziale, kulturelle und historische Rahmenbedingungen geprägt seien, so werde der Lektüreeindruck doch maßgeblich durch „individuelle Modalitäten, Zuordnungen und Strukturierungen" (Waldmann 2007: 15) beeinflusst.

Was jedoch in der literaturdidaktischen Begründung handlungs- und produktionsorientierter Unterrichtsverfahren sehr oft nach vertrauten konstruktivistischen Axiomen klingt, entpuppt sich bei genauerer Betrachtung nicht selten als eher populärkonstruktivistisches Theoriegebilde, das entweder auf einer unzulässigen Verkürzung konstruktivistischer Theoreme basiert oder manchmal sogar Ausdruck einer regelrechten „Theoriekontamination" (Maiwald 2010: 89) ist, die den konstruktivistischen Ansatz mit anderen Theorieelementen vermengt bzw. die Erkenntnisbedingungen der konstruktivistischen Schule nicht stringent zu Ende denkt (vgl. auch Spinner 2002).

So geht beispielsweise ausgerechnet eine der populärsten Gesamtdarstellungen zum handlungs- und produktionsorientierten Literaturunterricht von der völlig irreführenden epistemologischen Prämisse aus, dass die für den erkenntnistheoretischen Konstruktivismus zentrale Vorstellung eines autopoietischen Wahrnehmungsmodus lediglich im Rahmen des *Leseprozesses*, und hier ausschließlich bei der Lektüre literarischer Texte, Gültigkeit besitze, nicht aber auf die *allgemeine* Wirklichkeitserkenntnis anzuwenden sei. Epistemologische Kriterien wie Unbestimmtheit, Schematisierung oder Ambiguität, die für den konstruktivistischen Diskurs von fundamentaler Bedeutung sind, seien exklusive Merkmale des *literarischen Gegenstands* und keine Kategorie für die Beschreibung der menschlichen Erkenntnisfähigkeit *an sich*. Weder für die Alltagswahrnehmung noch für die Lektüre von Gebrauchstexten, ja nicht einmal für die Rezeption von Theater oder Film wird die allgemeine Selbstbezüglichkeit des menschlichen Wahrnehmungsapparates und, daraus resultierend, eine prinzipielle epistemische Unbestimmtheit menschlicher Wirklichkeitskonkretisationen anerkannt:

> Es ist ein erheblicher Unterschied, ob ich eine Figur, eine Handlung, einen Raum oder Vorgang wahrnehme – etwa auf dem Theater oder im Film oder Fernsehen, oder ob ich sie mir beim Lesen eines Romans vorstelle. In dem einen Falle ist mir die jeweilige Wirklichkeit mit allen ihren Merkmalen gleichzeitig gegeben, sodass ich sie nur aufzufassen brauche. Im anderen Falle ist sie mir nur mit wenigen Merkmalen gegeben, und ich muss sie mir als Ganze in meiner Fantasie ausmalen. (Waldmann 2007: 17)

Dezidiert ‚unkonstruktivistische' Formulierungen wie die von einer „gegebenen" Wirklichkeit, die lediglich „aufgefasst" werden müsse, werfen Fragen bezüglich der didaktischen Intention auf, die handlungs- und produktionsorientierte Unterrichtsverfahren auf dieser erkenntnistheoretischen Basis verfolgen sollen. Wer von einer ausgesprochen erkenntnisoptimistischen Warte aus epistemologische Undifferenziertheiten allein dem literarischen Text attestiert (und diese vor allem mit einem Mangel an ontologischen Merkmalen im Text begründet), in der menschlichen Alltagserfahrung und Alltagskommunikation indes keine subjektabhängigen Wahrnehmungsvorgänge am Werk sieht, ignoriert den theoretischen Kern der von ihm propagierten Methode und stellt damit auch die Funktionalität ihres Einsatzes im Unterricht infrage. Denn weshalb sollte die Unbestimmtheit eines literarischen Textes in der Schule mit subjektbezogenen Methoden individuell ausgespielt, also mit den jeweiligen biographisch-selbstbezüglichen Möglichkeiten jedes einzelnen Schülers konkretisiert werden, wenn die literarische Wahrnehmung als gleichsam ‚abseitige' Sonderform von Erkenntnis ohnehin keine epistemische (und damit auch soziale) Bedeutsamkeit für die Lebenswelt der Schülerinnen und Schüler, für ihre alltäglich-zwischenmenschlichen Wahrnehmungs- und Kommunikationsprozesse besitzt?

Lesen als modellhaftes Beobachten

Unstreitig ist, dass literarischen Texten eine ausgeprägte, vom Autor in der Regel gezielt hergestellte semantische Offenheit aneignet, deren Beobachtung sich während des Lektürevorgangs zudem nicht an der Materialität physikalischer Außenweltimpulse orientieren kann, was die Selbstbezüglichkeit literarischer Wahrnehmungen mutmaßlich erhöhen dürfte. Dessen ungeachtet kommen bei der Lektüre von Texten prinzipiell keine anderen Mechanismen der Konkretisation von Wirklichkeit zum Tragen als bei der Alltagsbeobachtung. Leseprozess und Außenweltwahrnehmung stützen sich bei der Manifestation ihrer Wirklichkeitsbilder in vergleichbarer Weise auf persönliche Erinnerungen und Erfahrungen, auf Emotionen und individuelle Interessenlagen – und eben nicht nur auf die Bestandteile der ‚harten‘ ontischen Realität.

Die *Sonder-Beobachtung* beim Lesen literarischer Texte erweist sich, da sie eine ausgesprochen intensive Erfahrung epistemischer Unbestimmtheit darstellt, als ‚besonders‘ vor allem darin, dass sie exemplarisch auf die Konstruktivität *aller* menschlichen Wirklichkeitsentwürfe verweist. Dem Leseprozess fällt mithin eine paradigmatische epistemologische Funktion zu: Er führt vor, wie menschliche Wahrnehmung funktioniert, indem er eine durch Unbestimmtheit ausgezeichnete Wirklichkeit zum Leben erweckt, Figuren und Schauplätze, Beziehungsgeflechte und Konflikte unter Bezugnahme auf den Erfahrungsschatz des Lesers, auf sein moralisches Wertesystem, seine momentane emotionale Verfasstheit und den Grad seiner Identifikation mit dem Text und dessen Figuren konkretisiert. Der herausragende didaktische Mehrwert handlungs- und produktionsorientierter Unterrichtsverfahren ist, dass sie die Wirkmächtigkeit dieser „halluzinatorischen" Lesetätigkeit für den Lesenden wie für die gesamte Lerngruppe sichtbar machen, dass sie vorführen, wie Wirklichkeit im Auge des Betrachters hergestellt wird. Handlungs- und produktionsorientierte Verfahren weisen also, indem sie den Lernenden als aktiven Betrachter in Szene setzen, weit über den eigentlichen Text hinaus und öffnen die Perspektive auf die ‚Fiktionalität‘ nicht nur der literarischen, sondern auch unserer alltäglichen Welterfahrung:

> Zur Sonder-Beobachtung forcierte halluzinatorische Beobachtung bringt etwas als „gegeben" hervor, was es ansonsten noch nicht „gibt", und diese Beobachtung erkennt im gleichen Zuge die bislang herrschenden Wirklichkeits-Konstruktionen ihrerseits als „Erfindung", sie bringt deren vergessene Konstruiertheit, deren halluzinatorische Momente, deren „Als-ob", deren Wahrheitsfiktionen wieder zum Vorschein. (Scheffer 1992: 75)

Der sichtbare Lebensroman

Die Feststellung, dass literarische Wahrnehmung als besonders evidente Form einer selbstbezüglichen Welterkenntnis lediglich exerziert, was den epistemologischen Alltag *jedes* menschlichen Betrachters prägt, ist für den Einsatz handlungs- und produktionsorientierter Unterrichtsverfahren von entscheidender Bedeutung. Denn im Rahmen welcher handlungs- und produktionsorientierten Methode auch immer Schülerinnen und Schüler auf die Unbestimmtheitsstellen eines literarischen Textes reagieren – sie werden diese Herausforderung niemals mit den sprachlich-epistemischen Instrumenten des Textes und seines Autors bewerkstelligen, sondern stets mit ihrem *eigenen Wirklichkeitsrepertoire*, ihren ganz und gar selbstbezüglichen sprachlichen, ästhetischen, moralischen, emotionalen und sozialen Kategorien.

In handlungs- und produktionsorientierten Unterrichtsverfahren tritt kein anderes Schüler-Ich in Aktion als in nicht-literarischen Handlungszusammenhängen. Literarische Bedeutungszuschreibungen (die individuelle Vorstellung von Räumen, Handlungen, Figuren, zwischenmenschlichen Beziehungen, Emotionen, Krisen etc.) wirken in den epistemologischen Erfahrungsfundus der Schülerinnen und Schüler und damit in künftige Wahrnehmungen ebenso hinein wie nicht-literarische. Umgekehrt bestücken die Lernenden ihre aktuellen literarischen Konkretisationen nicht nur mit früheren literarischen (im Sinne von Intertextualität, Gattungs- und Epochenbezügen etc.), sondern auch mit nicht-literarischen Erfahrungen, die zum Verständnis des literarischen Textes herangezogen werden. Jede einmal gemachte Lektüreerfahrung wird, da in ihr der literarische Text und das biographische System amalgamierten, das Menschenbild, Wertesystem und die Sprache des Lesers prägen und für eine Assimilationsleistung seines kognitiven Apparates verantwortlich zeichnen. Diese Assimilationsleistung kann sich in sämtlichen zukünftigen Beobachtungen des Lernenden, in Alltagsäußerungen ebenso wie in der handlungs- und produktionsorientierten Konkretisation aktueller literarischer Unbestimmtheitsstellen, niederschlagen. Die radikale Schülerzentriertheit des handlungs- und produktionsorientierten Ansatzes verdeutlicht somit die prinzipielle epistemische Analogie literarischer und nicht-literarischer Erfahrungen, Wahrnehmungen und Weltäußerungen nicht nur besser, als dies irgendwo sonst im Literaturunterricht der Fall ist; sie ist darüber hinaus auch eine hervorragende Gelegenheit, über den autopoietischen Mechanismus, der jeder Form menschlicher Erkenntnis, den Alltags- wie den Sonderbeobachtungen, zugrunde liegt, ins Gespräch zu kommen.

Handlungs- und produktionsorientierte Methoden streichen den radikalen Selbstbezug einer jeden literarischen Erfahrung heraus. Für den Literaturunterricht erweisen sie sich jedoch nur dann als sinnvoll (dann aber auch als besonders wertvoll), wenn ihre Prozesse und Produkte nicht als Beitrag innerhalb einer ‚Sonderwahrnehmung Literatur' aufgefasst werden, die keinen strukturellen Bezug zur Alltagswelt und ihrer Wahrnehmung aufweist, sondern wenn man ihre Modellfunktion für menschliches und zwischenmenschliches Erkennen, Handeln und Kommunizieren zu nutzen versteht. Sie sollen deshalb nicht zu der Frage führen, welcher Schülerbeitrag die größtmögliche Nähe zu Kleists Syntax und Wortschatz aufweist, welche Tagebuchnotiz die wahrscheinlichste Effi-Imitation getroffen oder die ‚Leerstelle' der zu interpretierenden Textstelle besonders nachvollziehbar gefüllt hat. Statt dessen sollen sie illustrieren, welchen subjektiven Nachhall ein literarischer Text in jedem Leser hervorzurufen vermag, und dazu anregen, den selbstbezüglichen Anteil der vom Schüler produzierten Textäußerung zu identifizieren und diesen in Relation zum Text zu setzen. Handlungs- und produktionsorientierte Methoden ermöglichen Anschlussdiskussionen über das Verhältnis von Text- und Leserwirklichkeit sowie über die Vielfalt der im Klassenzimmer kursierenden Lebensromane, wodurch sie nicht nur die Konstruktivität von Wirklichkeit im Auge des Betrachters sondern auch die Herstellung sozialer Realitäten im literarischen Diskurs des Unterrichtsgesprächs beispielhaft erfahrbar machen.

4.2 Handlungs- und Produktionsorientierung im standardbasierten Literaturunterricht

Seit den Beschlüssen der Kultusministerkonferenz in den Jahren 2003 und 2004 sind handlungs- und produktionsorientierte Unterrichtsmethoden bundesweit fester Bestandteil der Bildungspläne des Faches Deutsch in allen Schularten und sollen bis in die Kursstufe des Gymnasiums unterrichtet werden, wo sie auch als Aufgabentyp in der schriftlichen Abiturprüfung gewählt werden können (vgl. KMK 2012: 30). Die Verankerung des handlungs- und produktionsorientierten Unterrichts in den Bildungsplänen wird als Beitrag der Schule zu einer ganzheitlichen Persönlichkeitsbildung der Schüler dargestellt und soll den „leserbezogene[n] Umgang mit literarischen Texten" unterstreichen (Kultusministerium Baden-Württemberg 2004: 78). Doch inwiefern sind handlungs- und produktionsorientierte Texterschließungsverfahren überhaupt für die Umsetzung standardbasierter Bildungspläne geeignet? Passen kompetenzorientiertes Output-Denken und subjektzentrierte literarische Lernkonzepte zueinander oder verschärfen sie eher den in Kapitel I.2.3 konstatierten Widerspruch zwischen didaktischer Individualisierung und dem Bedürfnis nach objektiver Messbarkeit im Literaturunterricht?

Beispiel Rollenbiographie

Baden-württembergische Gymnasiasten müssen bis zur achten Klasse die produktionsorientierte Texterschließung am Beispiel einer Rollenbiographie kennen gelernt und eingeübt haben. Eine Rollenbiographie soll das Geschehen, die Figuren und die Konflikte eines literarischen Textes ‚von innen heraus' beleuchten, indem eine der Figuren eine (fiktive) Selbstdarstellung formuliert. Der Schüler soll – zumeist ausgehend von einer bestimmten Textstelle – aus der Perspektive einer literarischen Figur eine Bilanz des Handlungsverlaufs ziehen. Außerdem soll er durch die individuelle Zeichnung der Figur (Haltung, Sprache etc.) seine persönliche Auffassung des ausgewählten Charakters (Lebenssituation, momentanes Lebensgefühl, Beziehungen, Wünsche, Ängste etc.) vermitteln, wofür neben einer Durchdringung des Textinhalts auch eine besondere Einfühlung in das literarische Personal erforderlich ist.

Grundsätzlich bietet die Methode der Rollenbiographie den Lernenden zahlreiche Anknüpfungspunkte für eine individualisierte Lektüre des Textes: Unausgesprochene Emotionen, versäumte Gespräche, ungeklärte Fragen und Vorwürfe, krisenhafte Erfahrungen etc. fordern dazu auf, innerhalb des durch den Text gesetzten Rahmens ein subjektives Bild des gelesenen Werkes zu generieren. Aus der Aufgabenstellung ergeben sich für Schülerinnen und Schüler also mannigfaltige Möglichkeiten zur Entwicklung einer Figuren- und Textvorstellung, die, Bezug nehmend auf die Wirklichkeitsmerkmale und Unbestimmtheitsstellen des literarischen Textes, aus einer phantasiegetragenen Konkretisation der Lektüre hervorgeht.

Auf der anderen Seite müssen im Rahmen eines kompetenzorientierten Literaturunterrichts auch für handlungs- und produktionsorientierte Verfahren bestimmte Standards festgeschrieben werden, um eine möglichst objektive Messbarkeit der Schülerleistungen zu garantieren. Neben curricularen Umsetzungsbeispielen und Unterrichtshandreichungen mit zumeist empfehlendem Charakter liegen beispielsweise für Baden-Württemberg so genannte Niveaukonkretisierungen vor, die verbindlich zu regeln versuchen, welche Teilkompetenzen die Lernenden zur Erfüllung eines bestimmten Standards (untergliedert auf drei Niveauebenen) beherrschen müssen. Am Beispiel der Rollenbiographie werden solche konkrete Erwartungen auch für den produktiven Literaturunterricht formuliert:

„Eine Rollenbiographie schreiben" – Niveaubeschreibungen für Klasse 8, Gymnasium Baden-Württemberg[2]

Niveaustufe A

Die wesentlichen Angaben des Textes zur äußeren Lebenssituation sind umgesetzt. Äußere Lebensbedingungen (z.B. soziale Situation) werden an einigen Stellen auf innere Haltungen (z.B. Lebensgefühl) bezogen.
  Einige im Text enthaltene Informationen – nicht immer die entscheidenden – werden dargestellt. Die aus dem Text abgeleiteten Gefühle und Gedanken einer Figur orientieren sich stark an explizit zum Ausdruck gebrachten Informationen. Eine Selbstreflexion über das eigene Tun und Handeln ist im Ansatz erkennbar. Hauptaspekte der Figur werden deutlich. Die Beziehung der Figur zu anderen Personen des Textes wird aus dem Zusammenhang abgeleitet. Die Darstellung enthält einige Reaktionen auf andere Figuren. Wichtige Handlungsmotive der Personen werden aus dem Text erschlossen und grob umrissen. Der Schreiber/ die Schreiberin entwickelt eine konkrete Lebensgeschichte, in der unterschiedliche Merkmale der Figur zutage treten.
  Er/Sie löst sich wenig vom Ausgangstext und formuliert die Rollenbiographie in Abhängigkeit von der Textvorlage, besonders von einigen Textstellen. Das Ergebnis entspricht nicht immer dem Gesamtbild der Figur.
  Der Text ist weitgehend den Normen der Schriftsprache verpflichtet. (Ich-Form, ganze Sätze)

---

2 Quelle: http://www.bildung-staerkt-menschen.de/unterstuetzung/schularten/ Gym/niveau-konkretisierungen (letzter Zugriff: 31.03.2015)

Niveaustufe B

Alle wichtigen Angaben des Textes zur äußeren Lebenssituation sind umgesetzt. Äußere Lebensbedingungen (z.B. soziale Situation) werden auf innere Haltungen (z.B. Lebensgefühl) bezogen. Die wichtigen implizit enthaltenen Informationen des Ausgangstextes werden dargestellt. Leerstellen werden ausgestaltet.

Aus den Aussagen der Figur leitet der Verfasser/die Verfasserin die Gefühle und Gedanken ab und formuliert sie so, dass wesentliche Charaktermerkmale deutlich werden. Die Beziehung der Figur zu anderen Personen des Textes wird aus wichtigen Textstellen erschlossen, daran schließt sich die Beschreibung von Reaktionen auf andere Figuren an. Die zentralen Handlungsmotive der Person werden aus dem Text abgeleitet und begündet. Der Schreiber/die Schreiberin entwickelt eine konkrete Lebensgeschichte, die der Figur Konturen verleiht.

Er/Sie löst sich weitgehend vom Ausgangstext und nähert sich dabei den persönlichen Eigenheiten der Figur.

Sprache und Stil orientieren sich an einigen zentralen Stellen des Textes. Der Text ist den Normen der Schriftsprache verpflichtet.

Niveaustufe C

Sämtliche Angaben des Textes zur äußeren Lebenssituation sind in differenzierter Weise umgesetzt. Äußere Lebensbedingungen (z.B. soziale Situation) werden konsequent auf innere Haltungen (z.B. Lebensgefühl) bezogen. Die individuelle Gestaltung aller im Ausgangstext implizit enthaltenen Informationen berücksichtigt Leerstellen in differenzierter Weise.

Aus den Aussagen der Figur und ihrer Selbstreflexion werden Gefühle und Gedanken abgeleitet und differenziert ausgestaltet. Durch die genaue Beschreibung von Absichten, Wertvorstellungen, Wünschen und Sorgen der Figur entsteht ein umfassendes Bild. Die Beziehung zu anderen Personen des Textes wird in ihrer Komplexität aus dem Zusammenhang erschlossen. Reaktionen auf andere Figuren werden differenziert beschrieben. Die Handlungsmotive der Person sind differenziert aus dem Text abgeleitet und in überzeugender Weise begründet. Der Schreiber/die Schreiberin entwickelt eine konkrete Lebensgeschichte, mit der die Figur Lebendigkeit gewinnt und deutliche Konturen erhält.

Er/Sie löst sich vom Ausgangstext, formuliert frei und gleichzeitig der Figur gemäß. Es gelingt, einen Stil zu finden, der die Eigenheiten der Figur, ihre Denkweise und Gefühlslage in individueller Weise zum Ausdruck bringt (z.B. Verwendung bestimmter Bilder, semantischer Felder, Klischees).

Der Text ist den Normen der Schriftsprache verpflichtet.

Umwälzung analytischer Ergebnisse

Die Niveaukonkretisierung zur Rollenbiographie offenbart, dass, was sich für die individuelle Diagnose, Beurteilung und Förderung *analytischer*

Schülerleistungen als geeignet erweisen mag, beim Einsatz *gestalterischer* Methoden eine geradezu kontraproduktive Wirkung entfalten kann, nämlich dann, wenn die Festlegung ‚objektiver' Bewertungskriterien und Leistungsstufen der eigentlichen Intention eines selbstbezüglichen und selbstgesteuerten Lese- und Schreibprozesses zuwiderläuft.

So bezeichnet die Niveaukonkretisierung zur Rollenbiographie jene Schülerprodukte als gelungen oder besonders gelungen (Niveau B/C), die „alle im Ausgangstext implizit enthaltenen Informationen" darstellen und diese bei der „Ausgestaltung von Leerstellen" berücksichtigen. Ausgangslage ist also, dass die Zahl der zu füllenden „Leerstellen" begrenzt und eindeutig zu identifizieren sei, nicht aber, dass Quantität und Relevanz der erkannten Unbestimmtheitsmerkmale von der Vielfalt der im Raum kursierenden Textvorstellungen abhängen und deshalb schlicht nicht vorhersehbar sind. Die Formulierungen der Niveaukonkretisierung verraten, dass es bei der Erstellung einer kompetenzorientierten Rollenbiographie weniger um eine selbstbezügliche Lektüre geht, dass der Schüler also die Unbestimmtheit eines literarischen Textes nicht mit der Vorstellungskraft seines Lebensromans schärfen soll, sondern dass die produktive Methode lediglich der *Umwälzung einer analytischen Erkenntnis* dient, die sich „differenziert aus dem Text ableiten" und eindeutig aus dem „Zusammenhang erschließen" lässt.

Das durch die Niveaukonkretisierung konkretisierte ‚objektive' Lernziel der produktiven Methode ist die Inszenierung einer hinreichend aus dem Textzusammenhang bekannten und im Unterricht erschlossenen Figur, die durch den Perspektivwechsel nun an „Lebendigkeit" gewinnen und „deutliche Konturen" erhalten soll. Die Figur (und mit ihr der Lernende, der die Figur ausgestalten soll) sieht sich in eine bislang unerzählte Situation gestellt und soll nun stringent weitergedacht, fortgesetzt werden. Hierfür eignen sich neben der Rollenbiographie auch viele andere gängige produktive Methoden: Zwei Figuren begegnen sich und unterhalten sich über Sachverhalte, die bereits in anderen Zusammenhängen, mit anderen Figuren thematisiert wurden, ein Konflikt wird aus Sicht eines bislang Unbeteiligten nochmals aufgerollt, im Inneren Monolog reagiert eine Figur möglichst charakter- und situationsgetreu auf ein vorangegangenes Gespräch, einen Vorwurf oder Brief, eine nur angedeutete Geste wird verbalisiert und in einem Tagebucheintrag mit sämtlichen Details bestückt, die man bislang über die Figur in Erfahrung bringen konnte usw.

Dieses Verständnis einer produktiven Unterrichtsmethode ist legitim, wenn es im Literaturunterricht darum gehen soll, einmal erworbene Kenntnisse über einen Text oder eine Figur mit kreativen Mitteln möglichst anschaulich, sprachlich geschickt und einfühlsam, unter Berücksichtigung einer in der Regel komplexen Motiv- und Konfliktlage umzusetzen. Wenn der Lernende mithilfe des produktiven Verfahrens die „Leerstellen" eines literarischen Textes gleich einem Lückentext zu füllen hat, dann kann der Lehrer tatsächlich recht genau überprüfen, inwiefern ihm, wie von der Niveaukonkretisierung gefordert, eine „genaue Beschreibung von Absichten, Wertvorstellungen, Wünschen und Sorgen der Figur" gelungen ist. Die produktive Leistung erfüllt vor diesem Hintergrund einen – aus Kompetenzperspektive – nicht zu unterschätzenden didaktischen Sinn: Der Schüler trainiert einen inhaltlichen Perspektiven- sowie einen Stilwechsel, er ist gezwungen, für bereits getätigte Erkenntnisse neue Formulierungen zu finden, die den Sound eines Erzählers oder einer Figur treffen, er muss Puzzlestücke aus verschiedenen Handlungssträngen zu einem Gesamtbild komponieren etc.. Ob er sich einer Figur, wie in der Niveaukonkretisierung behauptet, dadurch aber tatsächlich „annähert", ob das Schreibprodukt irgendetwas mit der Individualität des Schülers zu tun hat, ist ebenso zweifelhaft wie die Frage, ob diese Form der Auseinandersetzung mit Literatur in irgendeiner Weise motivierend wirkt.

Grenzen der Standardisierung

Das nachstehende Beispiel einer Rollenbiographie aus einer achten Klasse mag verdeutlichen, wie wenig die individuellen Elemente des Leseprozesses durch Standardkonkretisierungen berücksichtigt werden. Der Schüler sollte eine Rollenbiographie zu Wenzel Strapinski, dem Protagonisten aus Gottfried Kellers *Kleider machen Leute*, gestalten. Aus der Rollenbiographie, die unmittelbar im Anschluss an die Ferienlektüre der Novelle angefertigt wurde, sollten Wenzels Geschichte, die Beziehungen zu seinen Mitmenschen sowie sein Charakter hervorgehen. Außerdem wurden die Schülerinnen und Schüler explizit aufgefordert, in die Rollenbiographie ihre ganz persönliche Vorstellung von Wenzel einfließen zu lassen.

Gottfried Keller: *Kleider machen Leute*
Rollenbiographie Wenzel Strapinski

Mein Name ist Wenzel Strapinski. Ich war ein armer Schneider, der es mit viel Glück und Gottes Segen zu einem angesehenen Kaufmann gebracht hat. Und das kam so: Eines Tages ging ich auf der Landstraße von Seldwyla nach Goldach, als eine Kutsche anhielt und mich mitnahm. Die Menschen in der Kutsche und in Goldach behandelten mich sehr freundlich. Erst später habe ich erfahren, dass sie mich wegen meines teuren Mantels, der mir zusammen mit meinen Locken ein romantisches Aussehen verlieh, für einen Grafen hielten. In Goldach wurde ich reich bewirtet und wie eine Majestät behandelt.

Ich verliebte mich in Nettchen, die Tochter des Amtsrats, obwohl eigentlich der angesehene Melchior Böhni bereits um sie geworben hatte. Aber so ist nun mal mein Nettchen: Sie ist ein hübsches Mädchen, das trotzdem nicht viel Wert auf sein Äußeres legt, da sie eine natürliche Schönheit besitzt. Sie ist immer ein bescheidener Mensch gewesen und hat das Leben akzeptiert, wie es kam. Auch mich liebt sie so, wie ich bin, obwohl ich es ihr nicht immer einfach gemacht habe. Das Wichtigste ist aber, dass wir uns vertrauen können und dass man mit ihr Pferde stehlen könnte. Sie muss auch nicht immer cool sein, um im Mittelpunkt zu stehen, was ich auch an ihr mag.

Nettchens Vater hielt mich wie alle Goldacher für eine Herrschaft, doch leider kam ich nicht dazu, den Irrtum aufzuklären, denn bald schon sollte Hochzeit gefeiert werden. Ich fühlte mich nicht recht wohl bei der Sache, da ich die Goldacher nicht betrügen wollte. Doch ich gewöhnte mich daran, der Held in diesem artigen Roman zu sein und vergaß den Irrtum aufzuklären. Das Ganze ist dann aber aufgeflogen, als mich die Seldwyler bei einem Maskenball vorgeführt haben. Auch Melchior Böhni hat dazu seinen Teil beigetragen – eine große Blamage! Ich floh Hals über Kopf in den Schnee, doch Nettchen, meine treue Liebe, folgte mir. Nachdem ich ihr meine wahre Geschichte erzählt hatte, beschloss sie, mich dennoch zu heiraten und ihren Vater zu überzeugen. (...)

Das alles ist nun schon zwölf Jahre her. Heute leben wir mit unseren vielen Kindern wieder in Goldach, nachdem wir in Seldwyla mit dem Tuchhandel viel Geld verdient haben. Ich bin ein glücklicher Mensch, Gott sei Dank!

Kai, 8. Klasse

Gemessen an der Niveaukonkretisierung zur Rollenbiographie stellt Kais Aufsatz eine Leistung dar, die im Wesentlichen auf der untersten Niveaustufe A anzusiedeln ist. Obwohl er die Arbeitsanweisung durch einen Rückblick des zu Wohlstand gekommenen Familienvaters Wenzel perspektivisch geschickt und ohne inhaltliche Fehler umsetzt, weist seine Rollenbiographie dennoch zahlreiche Ungenauigkeiten in der Figurenzeichnung sowie

Handlungslücken auf: Weder wird Wenzels Gefühlslage in den verschiedenen Phasen seines Goldach-Aufenthalts noch die Motivation für sein Verhalten geklärt; sein Gewissenskonflikt wird in einem einzigen Satz abgehandelt, die märchenhafte Auflösung der Novelle verschwiegen. Auch Wenzels Beziehung zu den Goldachern (Nettchens Vater, Melchior Böhni) hätte wesentlich gründlicher behandelt werden können. Mit Blick auf die Anforderungen der höheren Niveaustufe B hätte Kai eine größere Eigenständigkeit in der sprachlich-stilistischen Ausarbeitung seiner Rollenbiographie unter Beweis stellen müssen: Wiederholt beschreibt er das äußere und innere Geschehen in Abhängigkeit von Kellers Textvorlage („romantisches Aussehen", „artiger Roman"), ohne dass ihm bewusst sein dürfte, welches semantische Feld er hierdurch betritt.

Mithilfe der Niveaukonkretisierung kann der Lehrer zu einer Einschätzung kommen, wie tief der Schüler den Text analytisch durchdrungen hat, ob er sich der Komplexität der Handlung, der Figuren und ihrer Motivation, der historischen Dimension ihres Verhaltens usw. bewusst ist. Die Niveaukonkretisierung bietet ihm eine Übersicht über die zur Erfüllung des Standards relevanten Aspekte, auch wenn die produktive Leistung des Schülers, wie bereits ausgeführt, lediglich in einer Umstrukturierung und szenisch-perspektivischen Umformung der Analyseergebnisse besteht.

Den selbstbezüglichen Anteil des Aufsatzes und damit das zentrale Motiv für die Verwendung handlungs- und produktionsorientierter Unterrichtsmethoden nimmt die Niveaukonkretisierung hingegen nicht in den Blick: In Kais Rollenbiographie zeigt sich dieser autobiographische Anteil seiner Lektüre in der Konkretisation der Figur Nettchens, die sein imaginärer Wenzel vornimmt. Die persönliche Betroffenheit des Schülers ist darin ersichtlich, dass er einerseits für seine Verhältnisse bei der Beschreibung des Mädchens ziemlich gesprächig wird und dass ihm andererseits bei der Schilderung von Nettchens Vorzügen eine für das 19. Jahrhundert inadäquate Wortwahl unterläuft, als er nämlich Nettchens Abneigung gegen den alterstypischen Zwang zur ‚Coolness' preist.

Eine weitere, diesmal *inhaltliche* Entfernung von den Textvorgaben der Figur – Kai behauptet, dass Nettchen keinen Wert auf ihr Äußeres lege, obwohl Kellers Erzähler sie als „äußerst prächtig, etwas stutzerhaft gekleidet und mit Schmuck reichlich verziert" (*Kleider machen Leute*, Stuttgart 2003: 18) einführt – unterstreicht, dass die Charakterisierung der weiblichen Hauptfigur offensichtlich durch Vorstellungen des Schülers über *sein* Nettchen, also seinen *eigenen* idealen Mädchentyp, dominiert wird. An dieser Stelle wird erkennbar, wie Kellers literarische Figur und die biographische Projektion des Schülers in einem autopoietischen Nettchen-Bild verschmelzen – ein Phänomen, das in dieser Deutlichkeit nur durch die produktive Herangehensweise an das literarische Personal der Novelle sichtbar zu werden vermag.

Die inhaltlichen und sprachlichen Überschreitungen des textlichen Rahmens, die Kai in seiner Rollenbiographie unterlaufen, liegen auf der Hand und müssten moniert werden – und doch dürfen sie nicht davon ablenken, dass der Schüler mit seiner Charakterisierung des Mädchens *tatsächlich* eine Unbestimmtheitsstelle der Novelle aufgreift und dass seine individuelle Konkretisation der Lektüre durchaus plausible Merkmale enthält, selbst wenn sie sich nicht auf die „wichtigen implizit enthaltenen Informationen" des Textes stützt. Über Nettchens Handlungsmotive, das Wesen ihrer Liebe zu Wenzel, ihre Werteinstellungen erfährt der Leser kaum etwas (abgesehen von einer abfälligen Bemerkung des Vaters, der seiner Tochter ein ausgeprägtes Standesdenken unterstellt, was womöglich mehr über ihn als über Nettchen aussagt). Kais subjektives Bild eines natürlichen, uneitlen, vertrauensvollen Mädchens, mit dem man „Pferde stehlen" könne, steht zwar in vermeintlichem Widerspruch zu Nettchens herausgeputztem erstem Auftritt in der Novelle, findet jedoch in der pragmatischen und unprätentiösen Reaktion der jungen Frau, als sie Wenzel vor dem Erfrieren rettet und die ungewisse gemeinsame Zukunft annimmt und gestaltet, eine späte textliche Bestätigung.

Nettchens kluges und zupackendes Verhalten ist für den Verlauf der Novelle insofern relevant, als es die Überführung der Handlung vom dramatischen Wendepunkt der Novelle (Aufdeckung des Betrugs) in ein glückliches Finale bewerkstelligt. Für die Rollenbiographie des Wenzel Strapinski, die das Gesamte der Beziehungen und Handlungsfäden in den Blick nehmen und keine Spannung aufbauen soll, ist die Textpassage indes von eher marginaler Bedeutung, weshalb Kai sie in seinem Aufsatz folgerichtig auch nicht erwähnt. Dennoch hat er die in dieser ausgesprochen emotionalen Textstelle aufleuchtenden Qualitäten des Mädchens sehr genau beobachtet und mit ihnen ein zu seinem individuellen Textverständnis passendes, viables Nettchenbild entwickelt.

Standardisierte Kompetenz- und Niveaubeschreibungen können dazu verleiten, handlungs- und produktionsorientierte Schülerbeiträge auf die handwerklich geschickte Transferierung analytischer Ergebnisse in einen kreativ inszenierten Rahmen zu reduzieren; eine solche Vorgehensweise ermöglicht sicherlich eine bessere Vergleichbarkeit der Schülerleistungen, führt jedoch gleichzeitig zu einer deutlichen Vernachlässigung der selbstbezüglichen Dimension des Leseaktes. Um die autobiographischen Anteile, die Kais Rollenbiographie offenbart, identifizieren und reflektieren zu helfen und sie für den persönlichen Leseprozess des Schülers fruchtbar zu machen, müsste der Lehrer – wie bereits in Kapitel I.2 und I.3 aufgezeigt – anstelle oder in Ergänzung eines standardisierten Kompetenzrasters mit individuellen, auch prozessorientierten Diagnosen und differenzierenden Aufgabenstellungen operieren. Diese müssten dazu beitragen, dass der Schüler zu einer Lektüre zweiter Ordnung gelangt, die ihm dabei hilft, biographische und textliche Elemente dergestalt auszutarieren, dass sein individueller Zugang zum Text zwar erhalten bleibt, das hermeneutische „Widerstandspotenzial" des Textes (Belgrad/Fingerhut 1997: 6 f.) aber eine stärkere Berücksichtigung findet.

5 Intersubjektives literarisches Lernen

Die Überführung der vielen in einem Klassenzimmer kursierenden selbstbezüglichen Lesarten eines literarischen Werkes in ein gemeinsames Unterrichtsgeschehen stellt eine besondere Herausforderung dar, die nur gelingen kann, wenn nicht nur die Schülerinnen und Schüler für konstruktivistische Erkenntnis- und Kommunikationsprozesse sensibilisiert sind, sondern vor allem auch der Lehrende die autopoietischen Erkenntnismöglichkeiten aller am Unterricht Beteiligten in seinem Handeln berücksichtigt. Der Lehrende muss die Lerngruppe als ein Handlungssystem auffassen, dessen Akteure unter konstruktivistischen Bedingungen miteinander kommunizieren. Das bedeutet, dass er sich nicht nur im Klaren darüber sein sollte, welche kognitiven Prozesse seine Schülerinnen und Schülern während der Lektüre durchlaufen, sondern er muss auch reflektieren, inwiefern die Lernenden – allesamt geschlossen und selbstbezüglich operierende Text-Betrachter – *überhaupt* zueinander in Kontakt zu treten und sich über ihre Textvorstellungen auszutauschen vermögen und mit welchen Schwierigkeiten sie hierbei zwangsläufig konfrontiert werden.

Systemische Hindernisse

Das Handlungssystem Literaturunterricht besteht aus so vielen Subsystemen, wie sich Leserinnen und Leser im Raum befinden. Jedes einzelne dieser individuellen Text-Leser-Systeme generiert ein selbstbezügliches, autobiographisch motiviertes Bild des gelesenen Textes. Aus konstruktivistischer Sicht wird nun die kommunikative *Koppelung* dieser Subsysteme allein schon dadurch erschwert, dass geschlossen operierende Systeme ihre Bestandteile nicht einfach austauschen, abgleichen und zu einem gemeinsamen System verschmelzen können:

> Kein System [kann] seine eigenen Operationen zur Erstellung eines Kontaktes mit der Umwelt einsetzen […]; denn das würde es erfordern, dass die Operationen zum Teil, sozusagen mit einem Ende, außerhalb des Systems stattfinden. So kann kein Gehirn Nervenimpulse verwenden, um außerhalb des Gehirns nach anschlussfähigen Nervenimpulsen zu suchen. Kein Bewusstsein kann operativ aus sich heraus denken […] (Luhmann 1988: 899 f.).

Die Vorstellung von sprachlicher Interaktion als einem Prozess, in dem Nachrichten wie in einem Container von Sender zu Empfänger weitergereicht werden, wo sie nur ‚ausgepackt' werden müssen (vgl. Krippendorff 1994: 79-113), ist in einem konstruktivistischen Kontext unhaltbar. Es gibt zwischen selbstreferentiellen Beobachtern keinen zuverlässigen Boten, auch wenn jeder Beobachter selbst permanent Signale aussendet und man deshalb gar nicht *nicht* kommunizieren kann, da „alles Verhalten in einer zwischenmenschlichen Situation Mitteilungscharakter hat" (Watzlawick/Beavin/Jackson 2000: 51). Doch jede Botschaft, die zwischen zwei Gesprächspartnern medial ausgetauscht werden soll, verfügt zunächst nur innerhalb jenes Sprechersystems über eine semantische Eindeutigkeit, das diese semiotische Botschaft kreiert hat. Herausgelöst aus dem systemisch-selbstreferentiellen Bedeutungszusammenhang des Senders, müssen die Zeichen in das Wirklichkeitskonstrukt des Empfängers neu integriert werden, wo sie womöglich eine ganz andere Bedeutungszuweisung erfahren:

> Beim sprachlichen Kommunizieren werden dem anderen nicht etwa Gedanken oder Informationen übermittelt. Vielmehr wird der Kommunikationspartner dazu veranlasst, […] in seinem eigenen Bewusstsein Information oder Sinn zu produzieren. Welchen Sinn er produziert, das hängt von vielen Faktoren ab: von der Situation, von Interessen, von Gefühlen und Stimmungen, von der Einschätzung des Partners, von vorher erworbenem Wissen, von Vorlieben und Abneigungen. (Schmidt 1991: 13)

Die Tatsache, dass Kommunikation zwischen selbstbezüglichen Beobachtersystemen in vielen Lebensbereichen, die sich evolutionsgeschichtlich als maßgeblich erwiesen haben, zu funktionieren scheint, besagt nichts über den Objektivitätsgehalt der jeweiligen Wahrnehmungen oder über den Verständigungsgrad eines Kommunikationsprozesses (vgl. Singer 2002: 78 ff.). Als umso unklarer muss der Objektivitätsgehalt von Kommunikationsprozessen in all jenen gesellschaftlichen Systemen erachtet werden, die, wie beispielsweise in einem kulturellen, pädagogischen oder literarischen Kontext, über kommunikative Verfahren eine soziale, ästhetische etc. Wirklichkeit überhaupt erst *generieren*. Inwiefern und unter welchen Umständen vermögen hier dialogische Prozesse tatsächlich epistemische Verstehensleistungen bei den an der Kommunikation beteiligten Bewusstseinssystemen zu verändern?

Das Konsenskonstrukt

Voraussetzung für eine im konstruktivistischen Sinne gelingende Kommunikation ist die Konstituierung eines „konsensuellen Kommunikationsbereichs" (Maturana 1982: 255 f.). Diese erfordert von beiden am Kommunikationsprozess beteiligten Seiten neben Aussendung und Empfang der eigentlichen Botschaft die permanente wechselseitige Abstimmung des jeweils aktivierten semantischen Kontextes, in dem das Gesagte/Gehörte verortet wird. Eine solche Klärung der Verständnisbedingungen kann z.B. mithilfe von Rückfragen, durch Paraphrasen, gestische oder mimische Ausdrucksmittel etc. geschehen. Ziel einer solchen Kommunikation zweiter Ordnung (oder Meta-Kommunikation) sind die Ergründung und Berücksichtigung des jeweils fremden epistemischen Ordnungssystems mit den epistemischen und sprachlich-gestischen Möglichkeiten des eigenen Beobachtungs- und Kommunikationssystems. Luhmann beschreibt diesen Vorgang als kommunikative „Interpenetration" des Gesprächspartners:

> Interpenetration bezeichnet weder ein umfassendes System der Koordination noch einen operativ ablaufenden Tauschprozess (was voraussetzen würde, dass man in dieser Hinsicht von Inputs und Outputs sprechen könnte). Theoriekonsistent kann Interpenetration nur heißen: dass im jeweiligen Bezugssystem die Einheit und Komplexität [...] des jeweils anderen eine Funktion erhält. (Luhmann 1988: 900)

Die Berücksichtigung der jeweils anderen Bezugssysteme – im Literaturunterricht: der anderen selbstbezüglichen Textzugänge – innerhalb des eigenen Wirklichkeitskonstrukts bedeutet nicht automatisch die Herstellung eines

Konsenses. Dies ist eine Erfahrung, die, wenn man sich beispielsweise eine Diskussion über die Unbestimmtheitsstellen in Kafkas Parabeln vor Augen führt, wohl jeder Deutschlehrer schon am eigenen Leib gemacht hat: Obwohl das Unterrichtsgespräch den Anschein erweckt, als würden alle Teilnehmer über dasselbe Phänomen, dasselbe Gefühl von Unbestimmtheit reden, stellt sich bei genauerem Nachfragen heraus, dass sie völlig aneinander vorbeireden, dass der Eindruck eines Konsenses das „Konstrukt eines Beobachters, also *seine* Leistung" (Luhmann 1988: 885) ist:

> Das Schwierige am Verstehen ist, dass wir das Vorhandensein und das Ausmaß konsensueller Bereiche nicht unmittelbar erkennen. Das Wissen darüber, ob und inwieweit man sich versteht, muss ebenso durch Versuch und Irrtum in selbstreferentieller Weise ausgelotet werden wie Bedeutung. [...] Die Selbstreferentialität dieses Prozesses besteht darin, dass *ich* als Kommunikationspartner derjenige bin, der darüber entscheiden muss, ob Kommunikation gelingt oder nicht, und dabei kann ich mich irren. [...] Nichtverstehen muss der Anlass sein, um herauszufinden: Welche *Vorerfahrung* fehlt bei mir oder beim anderen? Welche für das Verstehen notwendige Bedeutungszuweisung ist falsch gelaufen? Wo ist etwas in einen falschen Kontext hineingeraten („falsch" natürlich immer nur für *mich*!)? Der Prozess, der nötig ist, um dies zu ergründen, ist [...] selbstreferentiell, er ist derjenige des Testens und Erprobens, in dem ich Testsubjekt, Testobjekt und Schiedsrichter zugleich bin. (Roth 1996: 336 ff.)

Konstruktivistische Unterrichtsgespräche

Die Relevanz eines konstruktivistischen Kommunikationsverständnisses für die Praxis gerade des Literaturunterrichts ist evident: Wie oft rufen Schülerinnen und Schüler, nachdem sie sich selbst in einem Interpretationsgespräch ausprobiert haben und womöglich an der Herstellung einer konsensuellen Meinung gescheitert sind, nach dem hermeneutischen Urteil des Lehrers, der dadurch gleichsam zur ästhetischen und epistemologischen Letztinstanz avanciert. Ein konstruktivistisch operierender Lehrer reagiert hierauf weitaus weniger entschieden als andere, da er sich schon allein der Problematik der Anfrage bewusst ist, aus der die epistemologisch irrige Voraussetzung spricht, dass ein endgültiges Wissen über einen literarischen Text nicht nur erwerbbar, sondern auch unabhängig von der Warte des jeweiligen Betrachters erkenn- und vermittelbar sei.

Derlei erkenntnisoptimistische Erwartungshaltungen können im Literaturunterricht vermutlich besser thematisiert und entlarvt werden als in vielen anderen Fächern (man denke an das empirische Selbstverständnis der Natur- oder Sozialwissenschaften). Dass das Fach Deutsch der Subjektabhängigkeit menschlicher Erfahrungen, ihrer Unbestimmtheit und Widersprüchlichkeit, oftmals gar nicht ausweichen *kann*, erklärt vielleicht auch den Widerstand, der Deutschlehrerinnen und -lehrern bei der Behandlung literarischer Texte immer wieder entgegenschlägt: Dieser Unmut erinnert an das epistemologische Unverständnis, mit dem Konstruktivisten aus einer überwiegend unkonstruktivistisch operierenden Umwelt, vor allem auch aus Lehrerkollegien, die sich gerne auf ein fachlich-didaktisch-methodisches ‚Herrschaftswissen' berufen, regelmäßig konfrontiert werden (vgl. Klein/ Oettinger 2007: 80 ff.). Die Herausforderung besteht aber gerade darin, in der Arbeit mit literarischen Texten eine produktive Auseinandersetzung nicht nur mit der semantischen Offenheit des Unterrichtsgegenstands zu entfachen, sondern über die selbstbezügliche Wahrnehmung literarischer Unbestimmtheit hinaus auch eine *generelle* Hinterfragung von Wirklichkeitsvorstellungen, Lernwegen sowie kommunikativen und sozialen Prozessen innerhalb und außerhalb des Klassenzimmers in Gang zu setzen.

Voraussetzung hierfür ist freilich, dass der Lehrer für die Schülerinnen und Schüler als konstruktivistisches Vorbild sichtbar wird, das den unabschließbaren Prozess der Beobachtung zweiter Ordnung systematisch auf die interpretatorischen Äußerungen der Lerngruppe wie auch auf seine eigenen Textbeobachtungen anwendet und eine Kommunikationskultur implementiert, die die Schwierigkeit, aber auch den epistemologischhermeneutischen Mehrwert einer konsensuellen ‚Interpenetration' aufzeigt. Der Lehrer muss sich also von epistemischen, interpretatorischen und organisatorischen Gewissheiten trennen (was, es sei hier nochmals betont, nicht verwechselt werden darf mit einem etwaigen Abschied von seiner fachlich-pädagogischen Autorität) und für den Lernprozess in seiner Lerngruppe akzeptieren, dass

a) das Resultat des Unterrichts trotz aufwändiger didaktischer und kommunikativer Bemühungen um eine Annäherung auch einmal aus unvereinbaren, im Vorfeld kaum planbaren Auffassungen des literarischen Textes besteht

b) er selbst ebenfalls Teil dieser epistemisch-kommunikativen Unsicherheit ist und keinen letztgültigen Deutungsanspruch besitzt

c) der Anteil des Lehrers am Lernerfolg seiner Schülerinnen und Schüler kaum messbar ist: Weder kann er sich sicher sein, was seine Schüler wirklich gelernt haben, noch wann und weshalb sie gelernt haben, was sie gelernt haben.

Die Qualität der pädagogischen und methodisch-didaktischen Arbeit des Lehrers ist im konstruktivistischen Unterricht am ehesten an seiner epistemologischen und kommunikativen Souveränität abzulesen, mit der er fremde Bedeutungssysteme und Lernwege zu interpenetrieren versteht und immer wieder konsensuelle Sinnkonstruktionen generiert, die sich innerhalb des textlichen wie auch des Kommunikationsrahmens der Lerngruppe bewegen. Voraussetzung hierfür ist die Bereitschaft, dass keine der Such- und Annäherungsbewegungen, die der Lehrer in einem offenen literarischen Gespräch initiiert, zu einem „endgültigen Wort" (Härle/Steinbrenner 2004) führen muss. Vielmehr geht es darum, sich selbst und den Lernenden immer wieder zu signalisieren, dass auch ein „Nicht-Verstehen […] Teil des literarischen Verstehens" (Spinner 2007: 25) sein muss – und dass dem Lehrer neben der Erstellung eines konstruktivistischen Lernsettings im Zweifelsfall auch die Funktion zukommt, diese Position des Nicht-Verstehenden einzunehmen und durch das „Aufwerfen von kognitiven Konflikten" (Klein/Oettinger 2007: 72) neue interpretatorische Perspektiven zu eröffnen, die die Notwendigkeit (und Selbstverständlichkeit) einer epistemischen Vielfalt demonstrieren.

Der didaktische Wert von kognitiven Perturbationen liegt in der Betonung der *Prozesshaftigkeit* des literarischen Lernens, wodurch modellhaft stets auch auf den entdeckenden Charakter des *allgemeinen* Wahrnehmungsprozesses verwiesen wird. Für die Lernenden bedeutet ein solches konstruktivistisches Selbst-, Fremd- und Textverständnis, dass sie sich zur Herstellung eines viablen Textbildes auf einen mühevollen Erkenntnisweg begeben müssen. Literarisches Lernen verlangt von ihnen in der eigenständigen Auswahl inhaltlicher Schwerpunkte und methodischer Lernwege zunächst ein hohes Maß an verantwortungsvoller Selbststeuerung sowie in einer zweiten, intersubjektiven Unterrichtsphase die Bereitschaft zu einem Diskurs, der die individuellen Themen und Thesen ihrer Textrepräsentationen ebenso kritisch beleuchtet wie deren selbstreferentielle Konstruktivität. Vor allem aber müssen die Schülerinnen und Schüler akzeptieren (und sie werden dies rasch honorieren), dass der Lehrer nicht als personifizierter Erwartungshorizont fungiert, sondern ein professioneller Begleiter sein möchte, der die strukturellen Schwierigkeiten dieses epistemologischen Wechselspiels zwischen Selbstbezug und Fremdwahrnehmung exemplarisch vorlebt.

6 Konstruktivismus als literarischer Topos
Eine Frage der Kohärenz

Literarische Texte erzählen die Wirklichkeit nie, wie sie wirklich ist. Keine noch so detailgetreue Milieustudie eines Flaubert, Dickens oder Fontane, weder der literarische Realismus noch der hyperrealistische Naturalismus bilden die Welt *an sich* ab. Unabhängig davon, welche Fülle an Wirklichkeitsmerkmalen ein literarischer Text versammelt, ob er eine ausgesprochen starke ‚Welthaltigkeit', eine Analogie zur ‚wirklichen' Wirklichkeit suggeriert oder sich demonstrativ von dieser absetzt, sie ironisiert, karikiert, unterminiert, idealisiert, in Zweifel zieht – er wird stets Wirklichkeitssimulation „auf einer zweiten Ebene" (Abraham/Becker 2010: 6) bleiben:

> Die angenommene Göttlichkeit des Romanciers im neunzehnten Jahrhundert war stets nur ein technisches Mittel; und die beschränkte Perspektive des modernen Romanciers ist ebenfalls ein Kunstgriff. Wenn ein zeitgenössischer Erzähler zögert, Unsicherheit vorgibt, missversteht, Spielchen treibt und Irrtümern erliegt, folgert der Leser dann tatsächlich, dass dadurch die Realität authentischer wiedergegeben wird? [...] Lassen wir uns nicht darüber hinwegtäuschen, dass wir es hier mit etwas Künstlichem zu tun haben.
>
> Julian Barnes: Flauberts Papagei. Roman. München ²2004: 106.

Anstatt Wirklichkeit zu spiegeln, versucht sich realistische Literatur an der Herstellung von *epistemischer Kohärenz*. Um ihrer Realismusbehauptung den Anschein ontologischer Glaubwürdigkeit zu verleihen, um dem Leser vielleicht sogar den Eindruck eines Wiedererkennens dargestellter Wirklichkeitsbereiche zu vermitteln, genügt es nicht, sich allein auf den Wahrheitsanspruch einzelner Wirklichkeitsmerkmale – also die historische, kulturelle, soziale etc. Passung von Kulisse, Personal und Requisiten – zu verlassen; entscheidend für die Illusion einer gleichsam organisch gewachsenen literarischen Realität ist vielmehr, dass die dargestellten Wirklichkeitselemente durch eine epistemische Kohäsionskraft miteinander verbunden werden.

Besonders augenscheinlich tritt der kohärenzstiftende Effekt realistischer Literatur zutage, wenn der literarische Text über einen formgebenden narrativen Rahmen verfügt. Die strukturelle (also räumliche, zeitliche, perspektivische etc.) Einkreisung des Erzählgegenstands ermöglicht es, an Wirklichkeitspartikeln auszusparen, was die Konsistenz des erzählten Weltausschnitts, das narrative und epistemologische Telos, gefährden könnte. Stattdessen wird die Darstellung der zu erzählenden Welt auf einen überschaubaren, stimmig zusammengefügten Wirklichkeitsausschnitt beschränkt. Grundsätzlich vollzieht realistische Literatur somit dieselben epistemischen Operationen, wie sie in der konstruktivistischen Erkenntnistheorie auch der menschlichen Alltagswahrnehmung zugeschrieben werden: Sie fokussiert ihren Blick, selegiert die in Betracht kommenden Wirklichkeitselemente nach selbstbezüglichen, auf den Handlungsverlauf und das Setting der Geschichte abgestimmten Kriterien und komponiert diese zu einem Wirklichkeitsbild, dessen ‚realistischer' Maßstab eben nicht die ontische Welt ist (und nicht sein kann), sondern ausschließlich die *Viabilität* des Bildes, seine Passung im Sinne einer stringenten, in sich schlüssigen Wirklichkeitssimulation.

Beispiel Novelle

Anschaulich vorgeführt wird das Konstruktionsprinzip der epistemischen Aussparung, Klärung und Zuspitzung in der literarischen Gattung der Novelle, die nicht ohne Grund ausgerechnet bei realistischen Autoren beliebt ist. Die Einzäunung der eigentlich zu erzählenden Geschichte (oder, wie bei dem unten zitierten Novellenzyklus, auch mehrerer Geschichten) erfolgt bei der Novelle durch den erzähltechnischen Kunstgriff der Rahmenhandlung, die als zusätzliche, zumeist in der Erzählgegenwart angesiedelte narrative Ebene die dramaturgische, aber eben auch die epistemische Wahrnehmung des Textes beeinflusst. Die dramaturgische Funktion der Rahmenerzählung liegt auf der Hand: Sie sorgt beim Leser für eine nachhaltige Fokussierung der Aufmerksamkeit, indem sie – wie beispielsweise in der *Schweigeminute* von Siegfried Lenz (2008) – den Spannungsbogen von der ersten Seite bis zum Ende der Geschichte aufrechterhält und die unerhörte Begebenheit der Binnenhandlung kontinuierlich in einen kontrastiven Bezug zur aktuellen Wirklichkeit des Erzähler-Ichs setzt oder indem sie – wie Theodor Storms *Schimmelreiter* (1888) mit seiner dreifachen Rahmung – das Leseinteresse kontinuierlich schärft und auf den innersten der Erzählringe lenkt.

Darüber hinaus hat die Rahmenhandlung eine nicht zu vernachlässigende *epistemologische Wirkung*, denn sie bürgt stets auch für die Richtigkeit oder zumindest die Wahrscheinlichkeit des Erzählten und damit auch für die objektive Relevanz der erzählten Geschichte. Das Strukturprinzip des gerahmten Erzählens gestattet der Novelle, das in der Binnenhandlung transportierte Wirklichkeitsbild, dessen historische, landschaftliche, sprachliche etc. Färbung ebenso wie beispielsweise die der Novellenhandlung zugrunde gelegten moralischen Kategorien, in einen plausiblen Gesamtzusammenhang zu stellen. Die Rahmenhandlung integriert Figuren und Handlungsverlauf der Novelle „in Zeit und Raum, in Gesellschaft und Geschichte" (Freund 2006: 58) und trägt, indem sie „den Leser in die Novellenhandlung einführt und ihn am Ende aus dem Geschehen hinausleitet, ihn bisweilen auch während der Binnenhandlung immer wieder an die Hand nimmt" (Schwahl 2008b: 168), maßgeblich zur Komposition eines kohärenten Wirklichkeitsbildes bei. Die authentizitätsstiftende Wirkung der Rahmenerzählung als „sinntragende und wertgebende Instanz, die dem Erzählten ‚von außen her' eine Bedeutungsklammer gibt, die ‚nach innen' wirkt" (Aust 1999: 13), ist bisweilen so stark, dass auch die eigentümlichste literarische Topographie und das wunderlichste Figurenarsenal dem Eindruck einer erzählerischen und epistemischen Geborgenheit keineswegs im Wege stehen müssen:

> Seldwyla bedeutet nach der älteren Sprache einen wonnigen und sonnigen Ort, und so ist auch in der Tat die kleine Stadt dieses Namens gelegen irgendwo in der Schweiz. Sie steckt noch in den gleichen alten Ringmauern und Türmen wie vor dreihundert Jahren und ist also immer das gleiche Nest; die ursprüngliche tiefe Absicht dieser Anlage wird durch den Umstand erhärtet, dass die Gründer dieser Stadt dieselbe eine gute halbe Stunde von einem schiffbaren Flusse angepflanzt, zum deutlichen Zeichen, dass nichts daraus werden sollte. Aber schön ist sie gelegen, mitten in grünen Bergen, die nach der Mittagseite zu offen sind, so dass wohl die Sonne herein kann, aber kein raues Lüftchen. Deswegen gedeiht auch ein ziemlich guter Wein rings um die alte Stadtmauer, während höher hinauf an den Bergen unabsehbare Waldungen sich hinziehen, welche das Vermögen der Stadt ausmachen; denn dies ist das Wahrzeichen und sonderbare Schicksal derselben, dass die Gemeinde reich ist und die Bürgerschaft arm, und zwar so, dass kein Mensch zu Seldwyla etwas hat und niemand weiß, wovon sie seit Jahrhunderten eigentlich leben. [...] In einer so lustigen und seltsamen Stadt kann es an allerhand seltsamen Geschichten und Lebensläufen nicht fehlen [...]
>
> Gottfried Keller: *Die Leute von Seldwyla* (1856). Zürich 1982: 7 ff.

Die Trennlinie zwischen realistischen und nicht-realistischen literarischen Texten ist nicht in ihrer vermeintlichen Nähe oder Ferne zu einer wie auch immer gearteten ontischen Wirklichkeit zu suchen. Aus konstruktivistischer Perspektive vermögen Prosa, Lyrik und Drama über deren Beschaffenheit nicht mehr, aber auch nicht weniger Erhellendes beizutragen als alle anderen menschlichen Beobachtungssysteme (Wissenschaft, Politik, Recht etc.). Für den realistischen Impetus eines literarischen Textes ist eine ganz andere Frage entscheidend, nämlich die, ob er die von ihm entworfene Welt als eine ‚gegebene' Wirklichkeit installiert, deren Identität mit der ‚Welt an sich' außer Frage oder zumindest nicht zur Debatte steht, oder ob er sich der Konstruktivität seines Wirklichkeitsentwurfes bewusst ist und diese womöglich sogar zum Gegenstand seines Erzählens macht.

Erkenntniskritische Literatur

Autoren, die den Realitätsgehalt ihrer Werke zur Disposition stellen, eröffnen in aller Regel nicht nur eine literaturtheoretische, sondern vor allem auch eine *erkenntnistheoretische* Debatte. Indem sie ihrem Erzähler und ihren Figuren einen eher skeptischen oder phantasievollen, einen mal ironisch, mal subversiv anmutenden „Möglichkeitssinn" verleihen, die Fähigkeit, sich alles vorzustellen, alles zu denken, was neben dem eben Gesagten, neben der eben entworfenen literarischen Realität genauso gut existieren könnte, und indem sie dadurch auch den Leser im Zweifel lassen, welcher der unterschiedlichen Versionen erzählter Wirklichkeit er denn nun zu folgen habe, bringen sie die Unabschließbarkeit des menschlichen Erkenntnisprozesses, die Vorläufigkeit all seiner Beobachtungen, ins Spiel:

> Man sieht, dass die Folgen solcher schöpferischen Anlage bemerkenswert sein können, und bedauerlicherweise lassen sie nicht selten das, was die Menschen bewundern, falsch erscheinen und das, was sie verbieten, als erlaubt oder wohl auch beides als gleichgültig. Solche Möglichkeitsmenschen leben, wie man sagt, in einem feineren Gespinst, in einem Gespinst von Dunst, Einbildung, Träumerei und Konjunktiven; Kindern, die diesen Hang haben, treibt man ihn nachdrücklich aus und nennt solche Menschen vor ihnen Phantasten, Träumer, Schwächlinge und Besserwisser oder Krittler.
>
> Robert Musil: *Der Mann ohne Eigenschaften* (1930-43). Reinbek 1978: 16

Ein erkenntniskritischer literarischer Text agiert *weniger dezidiert* in der Formulierung seiner Wirklichkeitsäußerungen als ein erkenntnisoptimistischer;

seine literarische Realität ist eine *Welt auf Widerruf*: Seine Figuren und Gegenstände fügen sich nicht nahtlos in die Wirklichkeit, wie sie zu sein scheint; seine Beobachter schauen nur selten in die Welt ‚da draußen', ohne gleichzeitig sich selbst zu betrachten, ihre Beziehung zur Umwelt, die Einflüsse auf ihr Weltverständnis zu hinterfragen; seine Wahrnehmungen und Meinungen, zwischenmenschlichen Beziehungen und Dialoge verweisen auf ihre Konstruktivität, ihre biographische Selbstbezüglichkeit, auf die Wahrscheinlichkeit von Irrtümern und Missverständnissen und bringen dadurch eine nie zu überwindende Zerbrechlichkeit und Vorläufigkeit zum Ausdruck.

Wo in einer realistischen Erzählung die geschaffene literarische Welt die einzig verfügbare zu sein scheint, da geraten der erkenntniskritischen Literatur alle Gewissheiten ins Wanken. Indem sie von der Welt erzählt, in die sie ihre Figuren wirft, spricht die nicht-realistische Literatur auf einer Meta-Ebene immer auch über die *Aneignung* dieser Welt durch das Schauen, über das Schweben der Dinge und die Brüchigkeit dessen, was der Mensch, „aus Resten zusammengehämmert", zu seiner Welt macht. Und auch das Sprechen wird ihr zu etwas Vorläufigem, driftet ins Konjunktivische, in eine Welt des Scheinens und des Als ob:

> Als sie zum ersten Mal das Haus betrat, wunderte sie sich über die Bilder an den Wänden, Zigis Zeichnungen, in denen sie wenig erkennen konnte, über die bunten Rahmen, mit denen Évi die Bilder zusammenhielt und auf die sie mit einem kleinen Pinsel Farbe gab, wenn ihr danach war. Für meine Mutter stand Évis Haus nicht am Rand unseres Städtchens, dort, wo es ausfranste und Felder und Wald begannen, für meine Mutter stand es in einer anderen Welt, die sie bislang nicht gekannt, die sie auch nie hatte betreten wollen und von der sie gehofft hatte, ich würde sie bald verlassen. Aber seit sie aufgehört hatte, am Zaun nach mir zu rufen, seit sie durch Évis Garten ging, als sei es nie anders gewesen, musste sie spüren, etwas lag über Évi und den Dingen, die sie umgaben, etwas, das wir nicht fassen oder greifen konnten. Sie musste sehen, dass Évi nicht nur dieses Haus bewohnte, das aus Resten zusammengehämmert war und aussah, als könne es sich vom Boden lösen und über Weizen und Mais zum Bahnwärterhäuschen schweben, sondern dass ihr auch der Weg davor gehörte, auf dem wir Bälle über Netze geworfen hatten. Alle Wege gehörten ihr, alle staubigen Pfade, die an den Feldrainen nach Kirchblüt führten. Sobald Évi am Morgen die Läden aufstieß und über die Felder schaute, gehörten sie ihr, sobald sie über die Steinplatten zum schiefhängenden Tor ging und es beim Öffnen durch den Staub zog, sobald sie den Mais mit ihren Armen streifte, wenn sie zur Brücke über den Klatschmohn ging, mit ihren schnellen, leichten Schritten, die den Boden kaum zu berühren schienen.
>
> Zsuzsa Bank: *Die hellen Tage*. Frankfurt am Main 2011: 64 f.

Nicht-realistische literarische Texte müssen nicht phantastisch oder surreal daherkommen. Im Gegenteil ist ihr erkenntniskritischer Effekt umso nachhaltiger, je offenkundiger sie im lebensweltlichen Alltag der Leser verwurzelt sind, je stärker sie sich am konsensuellen Wirklichkeitsbild, an lebensnahen Figuren und authentischen Situationen orientieren. Die epistemische Irritation wird erst dann als solche wahrgenommen, wenn die dargestellte literarische Welt nicht von vorneherein als fiktionale Übertreibung, als Wirklichkeitsparodie oder Phantastik klassifiziert wird. Erst die *Wahrscheinlichkeit* der epistemischen Abweichung, die *Schlüssigkeit* des Missverständnisses führt zum konstruktivistischen Kern eines erkenntnisskeptischen Textes.

Nicht-realistische Literatur vermittelt Sensibilität im Umgang mit Wirklichkeitswahrnehmungen und erweitert den Literaturunterricht um eine erkenntnisphilosophische Dimension. Sie erzeugt bei Schülerinnen und Schülern ein Gespür für die Konstruktivität ihres eigenen Blicks, ihres Selbst- und Fremdbildes, und für die Selbstbezüglichkeit ästhetischer, medialer oder politischer Diskurse. Die Brechung der literarischen Realität, die Vorführung von epistemischer Unbestimmtheit verlangsamt das Lesetempo und eröffnet den Raum für alternatives Denken und Wahrnehmen, für eine ‚Sonder-Beobachtung' zweiter Ordnung. Darüber hinaus wird die Aufmerksamkeit der Lernenden durch die notwendige Tiefenanalyse der dargebotenen literarischen Wirklichkeit auch auf technische Fragen des Erzählens gelenkt (Kohärenz/Stringenz von literarischer Wirklichkeit und Handlungsverlauf, Analyse der Figurenzeichnung und -konstellation sowie der Erzählperspektive), weswegen die Behandlung erkenntniskritisch erzählender Texte im Literaturunterricht auch einen genuinen Beitrag zum literarischen Lernen und zum Kompetenzerwerb leistet.

II. Unterrichtsbeispiele

Die nachfolgenden Unterrichtsmodelle schlagen literarische Texte für die Sekundarstufen I und II vor, die sich mit epistemologischen Fragestellungen beschäftigen und immer wieder auch die Wirklichkeitswahrnehmung ihrer eigenen Figuren zur Disposition stellen. Sie bieten somit auf inhaltlicher Ebene vielfältige Anknüpfungspunkte für einen konstruktivistischen Diskurs im Klassenzimmer. Die im Zusammenhang mit den jeweiligen Werken vorgeschlagenen methodisch-didaktischen Schwerpunkte orientieren sich an den in Kapitel I skizzierten Grundlagen einer konstruktivistischen Literaturdidaktik und können mit geringfügigen Veränderungen auf jedes andere im Unterricht zu behandelnde literarische Werk übertragen werden. Sämtliche Unterrichtsmodelle stellen den Versuch dar, konstruktivistische Kategorien wie Individualisierung und Metakognition mit den Anforderungen des kompetenzorientierten Literaturunterrichts zu verknüpfen.

1 Entdecke die Möglichkeiten – Konkurrierende Wirklichkeitsentwürfe in Seita Parkkolas Jugendroman *Wir können alles verlieren. Oder gewinnen* (2012)

Klassenstufen 7/8

Abweichungen von der ‚wirklichen' Wirklichkeit sind in der Kinder- und Jugendliteratur eher die Regel als die Ausnahme. Märchen- und Schauerelemente gehören seit jeher zum Repertoire eines erweiterten Wirklichkeitsbegriffs, wie ihn kinder- und jugendliterarische Texte für sich reklamieren. Seit es die Kinder- und Jugendliteratur als eigenes Genre gibt – man denke an James Barries *Peter Pan* (1904) –, definieren sich viele ihrer Gattungsvertreter über eine mehr oder weniger explizit formulierte Abwehrhaltung gegen die Erwachsenenwelt und deren Entwicklungserwartungen, aus der heraus die Inspiration für eine kindlich-phantastische Sekundärwirklichkeit erwächst (Meißner 1989 und 1993). Auch die enorme Popularität postmoderner Fantasy-Literatur (z.B. *Harry Potter*, die *Tintenwelt*-Trilogie oder die *Twilight*-Saga) macht deutlich, dass die Überformung der prosaischen Alltagswelt durch romantische, traumhafte oder surrealistische Erzählmerkmale auf junge Leserinnen und Lesern immer noch eine ausgesprochen große Faszination ausübt.

Eine realistische Alternative

Doch auch jenseits des Fantasy-Genres bringt die Kinder- und Jugendliteratur immer wieder Texte hervor, die das vermeintliche Sosein der Wirklichkeit hinterfragen – insbesondere wenn diese ‚Normalität' von Erwachsenen definiert wird. Der als dogmatisch und uninspiriert empfundenen Erwachsenenwelt setzen sie ein neues Weltbild entgegen, das durchaus in der Realität verwurzelt ist, diese jedoch zugleich transzendiert. Seita Parkkolas Jugendbuch *Wir können alles verlieren. Oder gewinnen* (2012) ist ein solches Werk, das als realistischer Roman die Wirklichkeit ernst nimmt und dennoch ganz bewusst einen wirklichkeitskritischen Impetus ausstrahlt. Parkkolas jugendliche Helden verweigern sich dem pädagogischen und gesellschaftlichen Mainstream, sind aber nichtsdestotrotz auf der Suche nach sozialer Anerkennung und Integration. Sie benötigen die epistemologische, moralische und ästhetische Abweichung, um für sich eine *biographische* Perspektive entwickeln zu können. Und so findet Parkkolas Roman für das jugendliche Bedürfnis nach individueller Freiheit und einer glaubwürdigen Wertegemeinschaft einen reizvollen Lebensentwurf sowie eine poetische Bildsprache, die die Phantasie der jungen Leserinnen und Leser nachhaltig anregt.

Inhalt

Der Ich-Erzähler und notorische Ausreißer Taifun wird von seinen Eltern nach mehreren gescheiterten Beschulungsversuchen an eine Lehranstalt für besonders schwere Fälle geschickt – sie ist das letzte Angebot des Schulsystems, ein Auffangbecken vor dem Absturz in das gesellschaftliche Nichts. Die neue Schule nennt sich „Haus der Möglichkeiten", was sich rasch als skrupelloser Euphemismus herausstellt, denn hier gilt das Prinzip der absoluten Kontrolle. Klare Hierarchien, harte Strafen und die Beschneidung persönlicher Freiheiten prägen den Alltag. Sogar der gesellschaftliche Umgang wird von oben geregelt: Taifun bekommt mit Aron einen Musterschüler als Aufseher, das Fußballspiel als ungeliebtes Hobby und, nachdem er erste Anzeichen von Renitenz zeigt, mit Siri sogar eine ungeliebte Freundin zugewiesen, die ihn auch in der Freizeit beaufsichtigen und ihm ein über jeden Zweifel erhabenes moralisches Vorbild sein soll.

Das „Haus der Möglichkeiten" steht nur in der schulischen Propaganda für eine Rückkehr zu traditionellen pädagogischen Werten; tatsächlich repräsentiert es deren moralische Schwundstufe, einen totalitären Überwachungsstaat, in dem persönliche Freiräume nicht vorgesehen sind. Auch in ihrer markanten Architektur ähnelt die Schule einem Hochsicherheitstrakt für pädagogische Resozialisierungsmaßnahmen:

> Das *Haus der Möglichkeiten* war ein metallisch glänzendes Gebäude mit einem hohen Zaun drum herum. Die Fenster waren so groß wie ganze Wände. Und die Wände waren aus Stahl. Die Schule erinnerte von außen an ein riesiges Aquarium oder einen überdimensionalen Fernseher. (S. 11)

An einen Alptraum geradezu Orwellschen Ausmaßes gemahnt, was sich im klimatisierten Kellerraum des Hauses abspielt: Hier wird von jedem Zögling eine Gipsmaske aufbewahrt, gleichsam als Sinnbild der Entindividualisierung, die ihm an der Schule widerfährt. Hierzu passt die kaum verhohlene Drohung des Schuldirektors, dass sich die schützende Hand des Systems bei unbotmäßigem Verhalten jederzeit in eine Bedrohung für Leib und Seele verwandeln könne:

> „Wir sprechen ganz allgemein von dem Geist und der Stimme der Schule. […] Sie gehört zu uns, und wir halten alle fest zusammen. Schüler, Lehrer, auch die übrigen Schulangestellten. Wir geben aufeinander Acht, helfen, bestrafen und belohnen uns. Alles dient der Gemeinschaft. Der gemeinsamen Sache. Und alles ist von unserem Geist durchdrungen. Wenn du dich gegen diese Gemeinschaft wendest, kannst du nicht verlangen, dass du vor Angriffen sicher bist. (S. 141)

Die Entfaltung individueller Möglichkeiten kann unter diesen Umständen nur außerhalb des schulischen Einflussbereiches gelingen. Taifun taucht ab und trifft in einem verlassenen Fabrikgebäude auf eine Gruppe Gleichgesinnter, mit deren Unterstützung er nach einem schwierigen Prozess der Ablösung von elterlichen und schulischen Erwartungen den rebellischen Umsturz der Erwachsenenwelt und ihrer Werte versuchen wird.

Themen für den Unterricht

Mit Betreten des maroden Fabrikgeländes setzt Taifun (und mit ihm der Leser) seinen Fuß auf ein Terrain, das alles möglich zu machen scheint. Als organischer Gegenentwurf zur sterilen Transparenz der Schule weckt die verfallene, düstere Fabrik ungeahnte Sehnsüchte („Was wächst und wuchert da in mir?", S. 189) und die Hoffnung, den Zwängen der Erwachsenenwelt zu entkommen, davonzufliegen in ein Reich, das von Selbstbestimmung, Freundschaft und Vertrauen geprägt ist:

> [Die Fabrik] war groß und uralt. Wie das Skelett einer Riesenechse aus vergangenen Zeiten. Oder wie ein verletztes Ungeheuer. Ihr Turm erinnerte an ein Horn, die Fenster an leere Augenhöhlen. Flache Seitenflügel lehnten sich an das Skelett des großen Tieres. Der Ort sah aus, als könnte er sich jeden Moment in die Luft erheben und davonfliegen. (S. 40)

Für die jugendlichen Rebellen ist die geheimnisvolle Fabrik „eine eigene Welt" (S. 83), Widerstandszelle und labyrinthischer Schutzraum, vor allem aber auch ein poetischer Ort: Hier finden sie für ihr Dasein eine eigene Bildlichkeit, eine eigene Sprache, an deren Entstehung Taifun seine Leser partizipieren lässt. In der Fabrik lernt der Ich-Erzähler, maßgeblich mit Hilfe der Bandenchefin India, die Wirklichkeit neu zu sehen und neu zu beurteilen. Sukzessive werden die Werte der Erwachsenwelt unterminiert und umgedeutet, werden ihre Parolen enttarnt und umformuliert, mit einer neuen, subversiven Bedeutung versehen. Erst dieser kreative Umgang mit der Realität gibt den Jugendlichen die Stärke, der bedrückenden Faktizität des Schulalltags einen autonomen Lebensentwurf entgegenzusetzen:

> Wir würden Wörter und Sätze benutzen, die wir uns ausdachten. Sie würden nichts bedeuten, aber so ähnlich klingen wie Schlachtrufe, Krankheiten oder fiese Insekten. Wenn man sie oft genug las, würde man unruhig werden [...] Wir schliefen tief und fest. Ich träumte von Wörtern, die eigentlich nichts bedeuteten, aber allmählich einen bedrohlichen Sinn annahmen. (S. 237 f.)

Taifun und seinen Mitstreitern wird in der Fabrik, aber auch auf ihren Streifzügen durch die Stadt bewusst, dass kein Mensch einer vorgegebenen Realität ausgeliefert ist, sondern sich seine Wirklichkeit selbst gestalten kann, dass „die Bedeutung der Bilder in den Köpfen" (S. 240) entsteht und nicht jedem Ding a priori anhaftet:

> „Es ist ganz einfach [...] wie bei Nomaden in der Wüste. Die ziehen herum und verschmelzen mit ihrer Umwelt. Für sie hat alles eine Seele, jeder Stein und jedes Tier und jeder Baum und jede Blume [...] Und unsere Wüste ist das hier!" Sie warf den Kopf in den Nacken und drehte sich mehrmals im Kreis. Berauscht blickte ich mich um. Jetzt verstand ich, dass India in der ganzen Stadt, in allen Dingen etwas Lebendiges sah, dass jede Straße, jede Kreuzung, jedes Geschäft, jeder Kiosk lebte. (S. 206 f.)

Die Lebensweise der jugendlichen Underdogs provoziert: Sie stehlen Lebensmittel, besprühen die Wände mit ihren Parolen und träumen von einer Freiheit, die weniger politisches Konzept sein möchte als vielmehr das jugendliche Bedürfnis nach einem von Fremdbestimmung entkoppelten

Dasein artikuliert. Taifuns Traum vom grenzenlosen Skaten ist seine Art, dem Fliegen möglichst nahe zu kommen:

> Dann dachte ich meinen Lieblingsgedanken. An die Traumstadt, in der ich eines Tages wohnen würde, in der es Hügel und Hunderte Treppen und Geländer und Rampen und Hindernisse gab und Dutzende Denkmäler mit Sockeln in genau der richtigen Höhe. Und keinen einzigen Polizisten oder Aufseher. [...] Verbotsschilder gäbe es schon gar nicht. In meiner Stadt wäre Autofahren unmöglich. Alle würden nur skaten. (S. 91, 108)

Der unbedingte Freiheitsgedanke, den Taifun und die anderen Abweichler für sich beanspruchen, impliziert aber durchaus auch den Aspekt der Verantwortung für die Ausgestaltung ihrer selbst erschaffenen Welt. Taifun lernt in der sich zuspitzenden Auseinandersetzung mit den Hardlinern der Schule, dass er die mitunter auch leidvollen Konsequenzen seines Tuns selbst zu tragen hat. Er nimmt diese Bürde auf sich, weil er – anders als die Erwachsenen, die sich „furchtbar leicht reinlegen" (S. 330) lassen – überzeugt ist, dass jedes Kind im „Haus der Möglichkeiten" einen Anspruch darauf hat, sich seiner Träume bewusst zu werden und jeden Gegenstand, jeden Menschen, jeden moralischen Maßstab auch einmal aus einer ‚verkehrten' Perspektive betrachten zu dürfen.

Als Personifikation dieser Freiheit, autonom mit der Wirklichkeit umzugehen, steht in Parkkolas Roman das Mädchen India. Das Oberhaupt der Rebellengruppe ist nicht nur eine selbstbewusste, burschikose, großmütige und tapfere Anführerin, in die sich Taifun fast zwangsläufig verlieben wird. India fungiert in dieser Geschichte vielmehr als epistemologisches und moralisches Prinzip. Sie ist das andere Ich, das Taifun sein könnte, ein unerreichbares Vorbild an Selbstbestimmung und Selbstbehauptung, das „keine Rettung mehr brauchte. Denn sie war bereits errettet. Sie und ich standen auf zwei verschiedenen Seiten einer Linie" (S. 249). Ob das Mädchen India in Taifuns Geschichte eine reale Person ist, bleibt offen („Ich denke wirklich, dass sie manchmal unsichtbar ist. Richtig unsichtbar. Das denke ich bis heute", S. 295). Für ihn ist sie jedenfalls der wichtigste Mensch, die wichtigste Idee in seinem Leben; sie repräsentiert seine Sehnsucht nach Wahrhaftigkeit und Geborgenheit:

> India gibt es wirklich. Sie ist ein Mädchen und kein Land. Sie skatet besser als jeder andere. Ich kenne sie gut. Sie ist absolut ungewöhnlich. Sie war auch mal im Haus der Möglichkeiten. Sie saß auf einem Platz am Fenster und konnte von dort die Fabrik sehen, genau wie ich. Vielleicht geht sie auch in deine Klasse. Sie könnte

> das Mädchen sein, das vor, hinter oder neben dir sitzt und anders ist als der Rest. Sie taucht plötzlich irgendwo auf, wie ein Engel. Aber sie ist kein Engel. Sie ist die Wächterin der Straßen. […] Manchmal halten Kinder es nicht mehr bei ihren Eltern aus und hauen von zu Hause ab. Dann nimmt India die Kinder bei sich auf und kümmert sich um sie, bis sie fliegen können. Manche Kinder kehren irgendwann zu ihren Eltern zurück. Manche nicht. Ich bin zurückgekehrt. (S. 331 f.)

India durchbricht die bipolare Erzählstruktur des Romans: hier die Fabrik, dort die Schule; hier die Freiheit des Denkens und Sprechens, dort die Begrenztheit der Lerninhalte und Parolen; hier das fliegende Skateboard, dort das monotone Fußballspiel. Wie ein Solitär steht sie auch zwischen den stets paarweise auftretenden, mal als Doppelgänger, mal als Gegenspieler konzipierten, sich immer wieder wechselseitig spiegelnden Figuren der Geschichte. Ihre Radikalität fordert den Ich-Erzähler zu einer Positionierung heraus: Welchen Weg zwischen Rebellion und Anpassung wird er wählen, welche Wirklichkeit zu der seinigen erklären?

Vor dieselbe Aufgabe stellt Taifun auch seine Leser. Aus der Künstlichkeit seiner Erzählerrolle, der Fiktionalität seiner Geschichte macht er kein Geheimnis – schließlich weiß er nur zu gut, dass auch die Welt der Schule nur eine Erzählung ist, ihr Regelwerk eine Erfindung wie die Nonsens-Parolen der Fabrikbewohner, dass auch der Direktor die einzig gültige Version der Realität nicht kennt, selbst wenn er jede abweichende Einstellung als „Märchen" (S. 141) diskreditiert. Absolutheit gibt es nicht, Fragen der Wirklichkeit, der Erkenntnis und Moral sind immer mehrdeutig:

> Das Böse ist nie *nur* böse. Es hat immer auch eine andere Seite. So wie das Gute auch. Wenn einer das weiß, dann ich. Ich bin kein schlechter Junge. Aber ein guter bin ich auch nicht. (S. 327)

Die Einsicht, dass jede Geschichte einen Erzähler braucht, einen Erzähler der niemals allwissend sein kann (auch wenn er sich so gebärden mag) und dessen zwangsläufig personale Perspektive auf das Geschehen stets mit einer Beschränkung epistemischer Möglichkeiten einhergehen wird, münzt Taifun in eine offensive Erzählstrategie um. Er bindet den Rezipienten ein in einen dialogischen Erzählprozess, macht ihn bisweilen auch zum Ko-Autor, indem er Orte, Figuren und deren Beweggründe nur andeutet und deren Ausgestaltung offenlässt. Weit davon entfernt, sich seinen gleichaltrigen Lesern anbiedern zu wollen, unterläuft er seine eigene poetische Suggestion systematisch mit einem Diskurs zweiter Ordnung:

> Ehe ich mit meiner Geschichte beginne, will ich dir einen Platz zeigen. Die verlassene Fabrik. Sie gehört niemandem, keiner schert sich um sie. [...] Am einen Ende der Fabrik thront ein mächtiger Turm, der sich weit über die Felder erhebt. Von dort überblickt man fast die ganze Stadt. Auf dem Weg nach oben musst du dich allerdings ganz auf deinen Instinkt verlassen. Hättest du eine Taschenlampe, wäre es einfacher [...] Oben angekommen, reiche ich dir das Fernglas [...] Gut. Jetzt habe ich dir das Wichtigste gezeigt. Wir können wieder runtergehen und die Fabrik verlassen. Jetzt fange ich an. (S. 7-10)
>
> An dieser Stelle muss ich dich warnen. Die Geschichte wird noch deprimierender. (S. 119)
>
> Am liebsten würde ich hier aufhören und nicht mehr weitererzählen. Aber ich bin der Erzähler dieser Geschichte und kann nicht einfach irgendwo aufhören. Das bin ich der Geschichte schuldig. Sie zu erzählen ist mein Auftrag. (S. 209)
>
> Jetzt beginnt ein sehr spezieller Teil der Geschichte. Schau dich gleich am Anfang gut um. Auf der Bühne stehen Kinder, die sich wie Soldaten verhalten; sie stehen starr wie Puppen. (S. 305).

Indem er sich selbst und das Erzählte immer wieder von außen betrachtet, klarstellt, dass man alles auch ganz anders arrangieren könnte, dass man seine Erlebnisse vielleicht (was er freilich umgehend leugnet) sogar als Liebesgeschichte deuten könnte (vgl. S. 81), macht er die Fiktionalität seines Berichts zum Gegenstand einer altersgerechten erzähl- und erkenntnistheoretischen Betrachtung. Hierdurch erweitert er den ohnehin spannenden Handlungsverlauf um eine philosophische Fragestellung: Wie wirklich ist die Wirklichkeit? Was passiert mit ihr, wenn ich ihre Bestandteile in anderem Licht betrachte, in umgekehrter Reihenfolge aneinanderfüge, von jemand anders erzählt bekomme? *Wir können alles verlieren. Oder gewinnen* beantwortet keine einzige dieser existenziellen Fragen. Es genügt, dass sie gestellt werden:

> Vielleicht bin ich erwachsen geworden. Vielleicht entwerfe ich Städte. Vielleicht fliege ich von morgens bis abends, oder ich renne einem Ball hinterher. Vielleicht hinterlasse ich Botschaften an Wänden. Oder baue Brücken über den Missouri oder den Amazonas. Vielleicht reite ich auf einem Kamel durch die Wüste. Verkaufe Tee in China. Grabe nach Schätzen in Ägypten. [...] Jeder muss selbst entscheiden, ob er mir glaubt. (S. 331 f.)

Umsetzung im Unterricht

Seita Parkkolas Jugendroman *Wir können alles verlieren. Oder gewinnen* thematisiert den Entstehungsprozess seiner eigenen Geschichte; er verpflichtet sich einer poetologischen Transparenz, die mit der epistemologischen

Offenheit der Romanhandlung korreliert. Eine kritische Auseinandersetzung mit den kognitiven, sprachlichen, emotionalen etc. Faktoren, die für die Genese poetischer ebenso wie alltäglicher Wirklichkeiten verantwortlich zeichnen, durchzieht das Jugendbuch auf allen Ebenen. Diesen konstruktivistischen Ansatz des Romans auch auf dessen Behandlung im Unterricht zu übertragen, ist eine zwangsläufige Konsequenz.

Selbstgesteuerte Portfolio-Arbeit

Die Umsetzung des konstruktivistischen Paradigmas im Literaturunterricht beinhaltet insbesondere eine systematische *Individualisierung* des Lernprozesses (vgl. Kap. I.2). Diese kann gerade in den unteren Klassen der Sekundarstufe I durch den Einsatz einer selbstgesteuerten Portfolio-Arbeit gewährleistet werden. Das Portfolio lässt den Lernenden, sofern es ihnen eine persönliche Auswahl aus einer didaktisch und methodisch vorstrukturierten Aufgabenpalette ermöglicht, genügend Raum, um innerhalb der durch den Bildungsplan gesetzten amtlichen Rahmenbedingungen sowohl inhaltlich als auch formal ihren eigenen Weg durch die Lektüre einzuschlagen.

Die in Material 1 versammelten sechs Themengebiete zu Seita Parkkolas Jugendroman decken das inhaltliche Spektrum des Buches weitgehend ab. Sie bieten nach einer knapp gehaltenen Einführung themazentrierte Vertiefungsfragen zur intensiveren Auseinandersetzung mit dem jeweiligen Problembereich an. Aus den angebotenen inhaltlichen Schwerpunkten sollen die Schülerinnen und Schüler vier Themengebiete auswählen, die sie besonders interessieren. Der Schwierigkeitsgrad steigt von Themengebiet 1 bis 6, weshalb der Lehrer als pädagogische Differenzierungsmaßnahme den Lernprozess dahingehend steuern (und ggfs. entlasten) kann, dass schwächere Leser eher die erste Hälfte, stärkere die zweite Hälfte des Aufgabenspektrums abdecken müssen oder dass jeder Lernende eine gleiche Anzahl Themen aus beiden Hälften des Aufgabenangebots zu wählen hat. Die Vertiefungsfragen sind als Denkanstöße zu verstehen, nicht als verpflichtendes Programm. Jeder Lernende kann innerhalb des vorgegebenen Themengebiets additiv oder alternativ eigene Fragestellungen verfolgen, die er freilich dokumentieren, begründen und in regelmäßigen Abständen selbstständig, durch einen Mitschüler oder durch den Lehrer evaluieren lassen muss (vgl. Kap. I.3.2).

Sämtliche Themenformulierungen rekurrieren auf die Erfahrungswelt der Schülerinnen und Schüler, die sie in Relation zur Romanhandlung und den dort verhandelten Werten und Normen setzen können. Einen großzügigen Spielraum für individuelle Akzentuierungen bietet auch das für die Schülerhand entworfene Methoden-Register (Mat. 1). Die Lernenden können für die Bearbeitung ihrer Themengebiete je nach persönlicher Neigung aus den angebotenen Methodenkategorien (Informieren, Darstellen, Gestalten) auswählen. Eine Figurencharakterisierung, eine Konfliktbeschreibung oder eine Wertedebatte lässt sich mit analytischem ebenso wie mit gestaltendem Instrumentarium bewerkstelligen: So kann beispielsweise ein Schüler zum Themengebiet IV („Freiheit") über eine Internet- und/oder Bibliotheksrecherche eine Definition und Problematisierung des Freiheitsbegriffs erarbeiten. Mit Zusammenfassungen der relevanten Romanpassagen kann er dieser Definition dann das persönliche Freiheitsverständnis des Ich-Erzählers gegenüberstellen und erörtern, welcher Auffassung er selbst näher steht. Abschließend könnte er sich mit einem produktiven Verfahren an einer Charakterisierung der rätselhaften Figur India versuchen, indem er beispielsweise den Verlauf einer Diskussion gestaltet, die Taifun einige Zeit nach den Ereignissen mit seinen Eltern über den speziellen Lebensentwurf des Mädchens geführt haben könnte.

Die Komplexität der zu bearbeitenden Themengebiete ermöglicht unterschiedliche inhaltliche Schwerpunktsetzungen und individuelle methodische Zugänge zur Problematik. Damit die Lernenden keinen einseitigen (z.B. einen ausschließlich kreativen) Lernweg wählen, muss für jedes Themengebiet jede Methodenkategorie mindestens einmal berücksichtigt werden. Eine Mindestzahl der insgesamt auszuarbeitenden Beiträge pro Themengebiet kann der Lehrer bestimmen. Ebenso sollte der Lehrer bei methodischen und inhaltlichen Fragen beratend zur Seite stehen: So ist davon auszugehen, dass ein bestimmtes Texterschließungsverfahren oder eine Textsorte (Inhaltsangabe, Erörterung etc.) nicht mehr oder noch nicht verfügbar ist. Hier kann der Lehrer (ggfs. unter Verweis auf frühere Unterrichtseinheiten oder Info-Kapitel im Schulbuch) unterstützend wirken.

Der Vielfalt an Lernwegen sind in der selbstgesteuerten Portfolio-Arbeit keine Grenzen gesetzt, wohl aber bewegen sich die Schülerinnen und Schüler stets im Rahmen der nationalen Bildungsstandards Deutsch für die Klassen 7 und 8, denen sämtliche im Register versammelte Kompetenzen entnommen sind. Das Unterrichtsprojekt ermöglicht somit eine Verflechtung konstruktivistischer Lernbedingungen und amtlicher Kompetenzvorgaben. Vor allem aber trägt die Erstellung eines selbstverantworteten Produkts (hier: einer Portfolio-Mappe), das nach mehreren Phasen der Selbst- und Fremdevaluation auch bewertet und/oder veröffentlicht werden kann, zu einer hohen Motivation auf Seiten der Schülerinnen und Schüler bei.

2 Das Anschauen anschauen: Die literarischen Spaziergänge des Schweizer Dichters Robert Walser (1878-1956)

Klassenstufen 9/10

Autor und Werk

Kaum ein Autor des 20. Jahrhunderts hat sich in seinem literarischen Werk mit einer vergleichbaren Konsequenz der Darstellung alltäglichster Wirklichkeitserscheinungen gewidmet wie der Schweizer Schriftsteller Robert Walser. Neben den noch erhaltenen Romanen aus dem Frühwerk (*Geschwister Tanner*, 1907, *Der Gehülfe*, 1908, *Jakob von Gunten*, 1909) sowie dem posthum veröffentlichten *Räuber*-Roman (1925) besteht Walsers Oeuvre, das zwischen den Jahren 1905 und 1933 entstanden ist, aus Hunderten kurzer und kürzester Prosastücke, die sich mit „monotone[r] Beharrlichkeit" (Wellmann 1991: 169) den unspektakulären Beobachtungen eines unablässig umherschweifenden Erzähler-Ichs widmen.

Robert Walsers literarische Miniaturen über Spaziergänge und Eisenbahnfahrten, Dorf- und Landschaftsszenen, flüchtige Begegnungen und prägende Kindheitserinnerungen dokumentieren das Interesse des Autors am Naheliegenden: Ein Detail am Wegesrand oder die Geste einer Passantin, ein aufgeschnapptes Wort, eine Zeitungsnotiz, der Theaterbesuch vom Vorabend genügen ihm, um im Profanen die Tragik, im Scheitern die Komik, im Ephemeren eine Grundbedingung des Menschseins zu erkennen. All dies bewerkstelligt Walsers Prosa in einer tagebuchartigen, skizzenhaft-assoziativen Erzählweise, aus der eingeschränkten Perspektive eines peripatetischen Erzählers heraus, der ziel- und absichtslos durch die Landschaft wie durch seine eigenen Satzkonstruktionen zu schlendern und hierbei niemals „aus dem Staunen über die Seltsamkeit auch des Gleichgültigsten, über das Merkwürdige auch des kaum Bemerkenswerten" (Alfred Polgar, zit. nach Kerr 1978: 140) herauszukommen scheint.

Der Spaziergang als Erzählprinzip

Für einen Literaturunterricht, der sich nicht nur ästhetischen, sondern auch erkenntnistheoretischen Fragen widmen möchte, erweisen sich Walsers Prosaminiaturen als besonders wertvoll. Denn zwischen den am Wegesrand aufgelesenen Erzählgegenständen, den aleatorischen Beobachtungen der Stadtspaziergänge, den idyllischen Zutaten der Landschaftsportraits scheint immer wieder eine zweite Ebene hindurch: Wenn in Walsers vermeintlich arg- und belanglosen Alltagsprotokollen unvermittelt Omnibusse zum Leben erwachen, Riesen und Geister auftauchen, romantische (Alp-)Träume Wirklichkeit werden, wird die Evidenz des gerade noch so anschaulich beschriebenen Wirklichkeitsausschnitts für kurze Momente vernichtet. Maßstäbe verschieben sich, Widersprüchlichkeiten werden offenbar, die Außenwelt gewinnt ein mitunter bedrohliches Eigenleben. Schließlich gerät der Beobachter selbst, dem die Wirklichkeit zu entgleiten droht, der zwischen dem So-Sein der Dinge und dem Was-wäre-wenn nicht mehr unterscheiden zu können scheint, in den Fokus eines immer skeptischer werdenden Lesers.

Die „amimetische Irritation" (Schwahl 2001: 26 ff.) von Walsers Spaziergangstexten steht in unmittelbarem Zusammenhang mit dem Fehlen einer ordnenden Erzähl- und Beobachterinstanz, die den vielfältigen Wahrnehmungen und Gedanken ihrer Figuren eine epistemische Kohärenz verleihen, Objektives von Erfundenem, Erfahrenes von Geträumtem, die Wirklichkeit vom Konjunktiv separieren könnte: Walsers erzählenden Spaziergängern mag es nicht gelingen, die wahrgenommenen Wirklichkeitsfragmente, ihre oft sehr detaillierten und aufmerksamen Beobachtungen und Reflexionen zu einem konsistenten Weltbild zusammenzufügen, einen in sich schlüssigen Gesamteindruck der durchwanderten Szenerie und der sie bevölkernden Figuren zu generieren. Ihre unablässige innere und äußere Bewegung durchbricht stets aufs Neue jeden selbst gesetzten epistemologischen und narrativen Rahmen: Was als akribisches Protokoll beginnt, endet im Märchenhaften, der nüchterne Beobachter offenbart sich als Träumer und vielleicht gerade dadurch wieder als besonders hellsichtig et vice versa. Herkömmliche Wirklichkeitskategorien und literarische Gattungsgrenzen verwischen, Unvereinbares steht unverbunden nebeneinander, die Diskontinuität wird zur Regel.

Diese in Walsers Wirklichkeitsskizzen zum Erzählprinzip erhobene Kontingenz wurde in der Forschung zunächst als das vor dem Hintergrund der literarischen Moderne und ihrer Sprachkrise zu lesende Scheitern eines von der gesellschaftlichen wie ästhetischen Dynamik seiner Zeit überwältigten Erzähler-Ichs gedeutet (vgl. Jürgens 1973), später als bewusster Verzicht auf die mimetische Widerspiegelung einer ohnehin inkohärenten Realität zugunsten eines autoreferentiellen Sprachspiels (vgl. Mohr 1994). Für beide Deutungsansätze finden sich in Walsers Texten Anhaltspunkte: Abhängig vom literaturtheoretischen Standpunkt des Lesers kann die Irrealität der Walserschen Wirklichkeiten tatsächlich ebenso als Produkt einer defizitären Wirklichkeitsbeschreibung aufgefasst werden wie auch als eine sich selbst genügende sprachliche Bewegung in wirklichkeitsunabhängigen Begriffs- und Sinntexturen (vgl. Baßler 1994).

Eine Schule des Sehens

Von besonderem Interesse für die vorliegende Untersuchung ist eine andere Feststellung, nämlich die, dass die Seltsamkeit der Walserschen Wirklichkeiten ganz unabhängig vom jeweiligen historischen oder ästhetischen Deutungskontext untrennbar mit den epistemologischen Bedingungen ihrer jeweiligen Beobachter verknüpft ist. Walsers Spaziergangswelten sind nicht ausschließliches Produkt eines frei flottierenden Erzähler-Ichs, einer Überflutung durch großstädtische Umweltreize oder einer hermetischen, sich im Sprachspiel verlierenden Textkonzeption. Zuallererst sind sie Ausdruck eines selbstbezüglichen Wahrnehmungsvorgangs: Was der Walser-Leser über die Wirklichkeit erfährt, verrät mehr über deren Betrachter als über das Sosein der Dinge. Wer mit Walsers Figuren die Welt anschaut, schaut das Anschauen an, wird eingeführt in eine Schule des Sehens, die nach dem Zusammenhang zwischen Subjekt und Objekt, Innen und Außen des Erkenntnisvorgangs fragt.

Walsers Wirklichkeitstexte entwerfen keine Wirklichkeitsgemälde, sondern zeigen die Bedingungen ihrer Entstehung: Sie formulieren eine konstruktivistisch geprägte *Grammatik des Blicks*, die jede äußere Wahrnehmung auf eine innere Voraussetzung zurückführt: Emotionale Faktoren und Erinnerungen, die beim Betrachten der Außenwelt geweckt werden, Assoziationen und deren kognitive Verknüpfung mit dem Gesehenen prägen das ungewöhnliche Wirklichkeitsbild der Walserschen Beobachter. Ihre Wirklichkeitsberichte ähneln Bewusstseinsprotokollen: Sie beschreiben einen kognitiven Prozess, in dem sich Äußeres und Inneres untrennbar vermischen und dessen tatsächliche Nähe zur objektiven Welt ‚da draußen' nicht mehr ermittelt werden kann.

Literarische Texte, die vorgeben, das Resultat einer Wirklichkeitsbegegnung zu sein, und die die Erwartungen an ein objektives Wirklichkeitsbild systematisch unterlaufen, irritieren. Eine mögliche Reaktion hierauf ist, die unzuverlässigen epistemologischen und narrativen Kategorien dieser Texte als Ausdruck einer (neo-)romantischen Poetik oder als postmodernes Vexierspiel zu lesen. Konzediert man indes, dass Walsers Prosa nicht nur das Produkt eines Wahrnehmungsprozesses, sondern den Prozess selbst zeigt, dass sie den sinnstiftenden Rahmen, den jede realistische Erzählung setzt (vgl. Kap. I.6), nicht nur gezielt aufbricht, sondern darauf aufmerksam macht, wie elementar ein solcher Rahmen für *jedes* Verständnis von Wirklichkeit ist, dann lenkt sie den Blick des Lesers automatisch über den literarischen Kontext hinaus auch auf die kognitive Rahmung, die ‚realistische' Selbsterzählung seines *eigenen* Wirklichkeitsbildes.

Gerade weil Walsers Texte den Eindruck erwecken, sich ausschließlich mit der Wirklichkeit zu beschäftigen, alltäglichste Erfahrungen und Beobachtungen ihrer ziemlich durchschnittlichen Protagonisten zu dokumentieren, stellen sie vor dem Hintergrund der kaum zu leugnenden Seltsamkeit ihrer Wahrnehmungsresultate umso dringlicher die Frage, was denn diese wirkliche Wirklichkeit eigentlich sei und von welchen Faktoren ihre Wesenheit maßgeblich abhängt.

Umsetzung im Unterricht

Die für das vorliegende Unterrichtsmodell vorgeschlagenen Auszüge aus den Erzählungen *Der Spaziergang* und *Schneien* (beide 1917) sowie aus Walsers epochalem Roman *Jakob von Gunten* (1909) ermöglichen eine sukzessive Annäherung an das Wirklichkeitsprinzip des Schweizer Dichters und eignen sich darüber hinaus auch als altersgemäße Einführung in die konstruktivistische Erkenntnistheorie sowie für eine kritische Auseinandersetzung mit den eigenen Wahrnehmungskategorien. Ausgehend von eher kompetenzorientierten Fragestellungen, die sich der Erzählperspektive sowie der sprachlichen Gestalt widmen, sollen die Schülerinnen und Schüler an eine zunehmend epistemologische Perspektive auf Walsers Spaziergangstexte herangeführt werden. Dies soll – im Sinne der erforderlichen selbstbezüglichen Verankerung konstruktivistischer Lese- und Lernprozesse – so oft wie möglich unter Einbindung persönlicher Erfahrungen, Erwartungen und Vorstellungen geschehen, um den Lernenden eine kontrastive Lektüre der Walserschen Wirklichkeit und ihres eigenen Lebensromans zu ermöglichen.

Der gescheiterte Beobachter: Jakob von Gunten

Am Beispiel des im Berlin der Jahrhundertwende verorteten Stadtspaziergangs des Dienerzöglings Jakob von Gunten (Material 2) können die Lernenden die literarische Erfahrung einer durch den Einzelnen kaum mehr zu bewältigenden Reizüberflutung nachvollziehen. Der ungeübte Flaneur Jakob wird konfrontiert mit der Kakophonie der noch jungen Moderne, mit bedrohlich wirkenden Menschenmassen, bizarren Fahrzeugen und – auch in einem erotischen Sinne – ungeahnten Einblicken, mit unbekannten Geräuschen und Gerüchen, die wiederum eine unüberschaubare Bandbreite an inneren Reaktionen zur Folge haben. Den ohnehin aussichtslosen Versuch, die Vielzahl an synchron auf ihn einprasselnden Impulsen in ein stimmiges Gesamtbild zu gießen, unternimmt Jakob erst gar nicht; anstatt einen Überblick zu gewinnen, verharrt er in seiner perspektivisch eingeschränkten Position und lässt sich treiben durch das „ganz wild anmutende Märchen" (Z. 1 f.).

Jakobs Spaziergangsbericht besteht aus einer unsystematischen Aufzählung von Sinneswahrnehmungen, einer parataktischen Aneinanderreihung teilweise kleinster Wirklichkeitspartikel (Z. 22-28), aber auch aus subjektiven Assoziationen, Empfindungen und Bewertungen. Seine metaphorische Ausdrucksweise, die vielen Vergleiche (z.B. Z. 8 ff.) und Personifikationen (Z. 15 ff., 40 ff.) sowie der Versuch, dem Großstadtchaos durch onomatopoetische Beschreibungen und Alliterationen beizukommen (Z. 2-4), bezeichnen weniger das wirklich Gesehene als die zum Teil höchst eigenwilligen persönlichen Reflexe des Betrachters; sie offenbaren seinen Willen, aus der Unordnung des Geschauten wenn schon keine epistemische Kohärenz, dann doch zumindest eine individuelle Bedeutung zu gewinnen, indem er zur Außenwelt eine emotionale und sprachliche Beziehung aufbaut, die mit seinem biographischen Kontext, mit seinen Erfahrungen und Wahrnehmungsinteressen sowie dem ihm zur Verfügung stehenden semiotischen Repertoire korrespondiert.

Wenngleich er der chaotisch anmutenden Großstadtwirklichkeit mit einem ausgeprägten Stilwillen entgegentritt, den die Schülerinnen und Schüler im Rahmen der für die Klassen 9 und 10 vorgesehenen textanalytischen

Kompetenzen beschreiben und funktional deuten können, so überwiegt bei diesem Spaziergänger doch der Eindruck einer grandiosen kognitiven Überwältigung. Jakob selbst ist sich der eigenen Orientierungslosigkeit, aber auch der Willkür seiner Bedeutungszuschreibungen sehr wohl bewusst, wenn er über die Traumhaftigkeit einer modernen urbanen Existenz reflektiert:

> Was ist man eigentlich in dieser Flut, in diesem bunten, nicht enden wollenden Strom von Menschen? Manchmal sind alle diese beweglichen Gesichter rötlich angezärtelt und gemalt von untergehenden Abendsonnengluten. Und wenn es grau ist und regnet? Dann gehen alle diese Figuren, und ich selber mit, wie Traumfiguren rasch unter dem trüben Flor dahin, etwas suchend […] (Z. 30-35)

Der Verlust einer konsistenten Weltwahrnehmung, die „Verständnislosigkeit" (vgl. Z. 42) des eigenen Blicks, lenkt die Aufmerksamkeit des jugendlichen Betrachters auf sich selbst und den Prozess des Schauens. Diesen Transfer auf eine epistemologische Meta-Ebene können die Schülerinnen und Schüler anhand der dreiteiligen Aufgabenstellung zu *Jakob von Gunten* sukzessive vollziehen. Ihre *eigenen* Erkenntnisbedingungen müssen sie hingegen in dieser frühen Phase des Unterrichtsmodells noch nicht zwingend reflektieren; der Fokus liegt eher auf einer kompetenzorientierten Annäherung an den Text sowie auf der epistemologischen Verknüpfung von Wirklichkeit und Betrachter, von der aus die mangelnde Realistik sowie die Ich-Bezogenheit der dargebotenen Stadtbeschreibung erkundet werden kann.

Der präfigurierte Blick: Schneien

Schneien (Material 3), ein Spaziergangstext aus Walsers Bieler Zeit, gibt weniger den chronologischen Verlauf einer konkreten Wanderung wieder als ein aus zahlreichen Schneespaziergängen destilliertes winterliches Tableau. Dieses Landschaftsbild ist von der emotionalen Verfasstheit des Spaziergängers, seiner inneren Topographie, nicht zu trennen. Im Gegenteil: Der witterungsbedingte Verlust der charakteristischen landschaftlichen Gestalt gestattet dem Betrachter die totale Umwandlung der natürlichen Umgebung in eine *Gefühlswirklichkeit*. Zahlreiche Personifikationen signalisieren von Beginn an, dass die einfühlsame Beschreibung der Winterlandschaft nur nebenbei die eingeschneite Umgebung meint, die schneebedeckten Straßen und Häuser, die Alltagsgegenstände und Mitmenschen, und dass das Erzähler-Ich stattdessen seinen Blick nach innen richtet, auf seine persönlichen

Assoziationen, Emotionen und Erinnerungen. *Schneien* zeigt im Grunde eine sprachliche Suchbewegung: das behutsame Tasten nach dem zutreffenden Begriff, mit dem das im Inneren Geschaute anschaulich erfasst werden könnte.

Die Sanftheit der verschneiten Landschaft, die Walsers Spaziergänger unentwegt rühmt, ihre Weichheit und Wärme, Stille und Behaglichkeit, repräsentiert also eine nach außen gekehrte Innerlichkeit des Betrachters; sie bringt ein tiefes Bedürfnis nach Humanität, Gemeinschaft und Friedfertigkeit zum Ausdruck, das der Erzähler auf die Schneefläche wie auf eine von der Natur zu Verfügung gestellte Leinwand projiziert:

> Wie süß, wie friedlich sind alle mannigfaltigen Erscheinungen, Gestalten miteinander zu einem einzigen Gesicht, zu einem einzigen sinnenden Ganzen verbunden. Ein einziges Gebilde herrscht. Was stark hervortrat, ist gedämpft, und was sich aus der Gemeinsamkeit emporhob, dient im schönsten Sinne dem schönen, guten erhabenen Gesamten. (Z. 41-46)

Wie sehr dieses Bild einer winterlichen Idylle vom Wunschdenken des Spaziergängers gelenkt ist, offenbaren die letzten Zeilen des Prosastücks, in denen der Erzähler ganz unvermittelt von eine weiteren Begegnung (oder einer Vision) während seiner Winterwanderung berichtet. Wie beiläufig beschreibt er einen tot daliegenden Soldaten, auf den der Schnee ebenso gleichgültig hinabrieselt wie auf die märchenhafte Dorfkulisse, die der Erzähler soeben noch beschworen hat:

> Es fällt mir nämlich ein, dass ein Held, der sich tapfer gegen eine Übermacht wehrte, nichts von Gefangengabe wissen wollte, seine Pflicht als Krieger bis zu allerletzt erfüllte, im Schnee könnte gefallen sein. Von fleißigem Schneien wurde das Gesicht, die Hand, der arme Leib mit der blutigen Wunde, die edle Standhaftigkeit, der männliche Entschluss, die brave tapfere Seele zugedeckt. Irgendwer kann über das Grab hinwegtreten, ohne dass er etwas merkt, aber ihm, der unterm Schnee liegt, ist es wohl, er hat Ruhe, er hat Frieden, und er ist daheim. – Seine Frau steht zu Hause am Fenster und sieht das Schneien und denkt dabei: „Wo mag er sein, und wie mag es ihm gehen? Sicher geht es ihm gut." Plötzlich sieht sie ihn, sie hat eine Erscheinung. Sie geht vom Fenster weg, sitzt nieder und weint.
>
> Robert Walser: *Schneien*. Frankfurt am Main 1985 (1917), S. 161 f.
> (siehe auch Material 3)

Dass Walsers Spaziergänger in Wahrheit einen (imaginären) Kriegsschauplatz durchstreift – bei Veröffentlichung des Textes (1917) befindet sich Europa mitten im Ersten Weltkrieg –, wird in *Schneien* wie eine Randnotiz behandelt, wie eine den historischen Tatsachen nun einmal geschuldete Fußnote, die der Erzähler zwar nicht ganz verschweigen darf, deren Bedeutung er jedoch sichtlich herunterzuspielen bemüht ist („Gleich bin ich fertig"; Z. 47). Dennoch: Rückblickend verschiebt der dramatische Schlusspart der Spaziergangsbeschreibung die Lektüremaßstäbe für das gesamte zuvor komponierte Winteridyll, dessen poetische Verklärung nunmehr wie eine Verdrängungsleistung erscheint, wie der verzweifelte Versuch des Erzählers, den Einbruch der grausamen Realität so lange wie möglich hinauszuzögern zugunsten eines Traumbildes, in dem er frühere Spaziergangserlebnisse mit der politischen Utopie von Einheit, Brüderlichkeit und Friedfertigkeit vermengt. Dass der tote Soldat lediglich im Konjunktiv in die Geschichte eingeführt (vgl. Z. 50) und sogleich in die versöhnliche Metaphorik des Schneegemäldes integriert wird („Er hat Ruhe, er hat Frieden, und er ist daheim"; Z. 55), spricht ebenfalls für diese Strategie eines ausblendenden Erzählens.

Der Erzähler enthält dem Leser die Omnipräsenz des Todes über weite Textstrecken vor; und doch ist der Blick des Spaziergängers – konstruktivistisch gesprochen – durch die erschütternde Erinnerung an den gefallenen Soldaten und das Leid der Familie maßgeblich präfiguriert. Von Anfang an sind die Beschreibungen der durchwanderten Schneelandschaft vom Wissen um den gefallenen Soldaten beeinflusst, ist in das Bild eines friedvollen Daseins dessen unvermeidliche Auslöschung subtil eingeschrieben.

Beide nämlich, das Sterben wie das Schneien, zeichnen sich aus durch ihre Unbeirrtheit, mit der sie alle Individualität, jede Lebensäußerung – „verschleiert, ausgeglichen, abgeschwächt" (Z. 39) – unter sich begraben. Das Zauberhafte der inszenierten Winterlandschaft vermag nicht darüber hinwegzutäuschen, dass die vom Erzähler liebevoll beschworene Mannigfaltigkeit des Lebens „sauber eingeschneit" (Z. 18) wird, dass sie gleichsam erstickt unter ihrer unbarmherzigen lautlosen weißen Last. Zurück bleibt eine zwar friedliche, aber eben auch leblose Stille – eine Kulisse, in die sich der gefallene Soldat geradezu harmonisch einfügt.

Die Ambivalenz der Walserschen Schneemetapher eignet sich in hervorragender Weise für eine Deutungsarbeit im Unterricht. Vor allem aber ermöglicht die Alltäglichkeit der (bis Zeile 46) beschriebenen Spaziergangserfahrung eine vielfältige Anknüpfung an die lebensweltlichen Bezüge der Schülerinnen und Schüler. Je nach eigener Erfahrung und Vorstellungskraft können die Lernenden unterschiedliche Bedeutungsfäden aus der Erzählung aufnehmen und für die Konstruktion ihres mentalen Textmodells heranziehen.

Auf welchen Wegen die Lernenden dem Schneespaziergänger folgen möchten – ob sie eher auf die ostentative Idyllik des Schneetableaus, den märchenhaften Tonfall des Erzählers oder doch die dunklen Vorzeichen einer Bedrohung reagieren –, lässt sich am unmittelbarsten erkunden, wenn sie das Ende der Erzählung (vor Entdeckung des toten Soldaten) selbst zu gestalten versuchen. Dieser produktive Zugang zu Walsers Schnee-Geschichte eröffnet ihnen nicht nur die Möglichkeit, unterschiedliche Deutungsebenen des Textes zu aktivieren und offenkundige Unbestimmtheitsstellen („Es fällt mir nämlich ein …"; Z. 47 f.) individuell auszugestalten; er erfüllt auch eine wesentliche Anforderung an den konstruktivistischen Literaturunterricht, indem er den Lernenden die Verknüpfung von literarischem Text und autobiographischem Kontext (eigene Schneespaziergänge, Assoziationen zu dem im Text angebotenen metaphorischen Spektrum, emotionale Dispositionen etc.) anbietet.

Im anschließenden Vergleich der ausgestalteten Schlussvarianten sollen die Schülerinnen und Schüler ihre unterschiedlichen Zugänge zu Thematik und Metaphorik des Spaziergangstextes erkennen und die Motive ihrer interpretatorischen Entscheidung begründen. Der konsequente Bezug zur Walserschen Textgrundlage ist in diesem Zusammenhang ebenso wichtig (und sollte von der Lehrkraft unbedingt eingefordert werden) wie die Rückbesinnung auf den biographischen Kontext: Welche Assoziationen hat die dargestellte Schneelandschaft geweckt? Weshalb wurden bestimmte Aspekte der Erzählung als bedeutsam erkannt und andere nicht wahrgenommen?

Vor dem Hintergrund dieser hermeneutischen und biographischen Selbstreflexion können die Lernenden dann auch den tatsächlichen Schluss der Erzählung einordnen und diskutieren, ob sie eine Verbindung zwischen der Landschaftsdarstellung und der Todesbotschaft erkennen und welche (poetologische oder epistemologische) Rolle die Figur des Spaziergängers in diesem Zusammenhang spielt. Unabhängig davon ob sie die beiden Teile der Erzählung thematisch miteinander verwoben sehen oder auf deren Unvereinbarkeit beharren, stellt sich die zwingende Frage nach der Funktion der Soldatenepisode sowie nach der inneren Verfasstheit, mit welcher der – um den toten Soldaten wissende – Spaziergänger auf das Schneetreiben blickt.

Die Grammatik des Blicks: Der Spaziergang

Die letztgenannte didaktische Perspektive ist eine dezidiert erkenntnistheoretische und ebnet den Weg zum dritten Spaziergangstext: Robert Walsers *Der Spaziergang* (1917) entwirft im Verlauf eines einzelnen Spaziergangs und fußend auf den konkreten Betrachtungen und Überlegungen seines Flaneurs eine regelrechte Theorie des Spazierengehens und ‚Spazieren-Schauens'; die vermeintliche Widersprüchlichkeit dieser Theorie wiederum führt die Schülerinnen und Schüler auf die Spuren eines einfachen konstruktivistischen Erkenntnismodells, das sie im Folgenden weitgehend selbstständig entwickeln sollen.

Walsers *Spaziergang* verwendet Erzähltechniken und Stilmittel, die den Lernenden bereits aus *Jakob von Gunten* und *Schneien* vertraut sind und die nun – auch im Sinne eines nachhaltigen Kompetenzerwerbs – in einer vergleichenden Analyse der drei Texte erarbeitet werden sollen. Sowohl die stark personalisierte Mikro-Perspektive eines sich an alltäglichen Details entlanghangelnden Ich-Erzählers findet sich in allen Textauszügen wieder als auch die aus einer unablässigen Bewegung resultierende assoziative Verkettung äußerer Eindrücke und innerer Gedankengänge. Das Sich-Verlieren in einer inkonsistenten Akkumulation von Wirklichkeitsausschnitten (vgl. Z. 2-15) stellt im gleichen Maße eine narrative Konstante dar wie die Personalisierung dieser Wahrnehmungssplitter (z.B. Z. 3, 8, 11) und die Begegnung mit unheimlichen Elementen (der Riese Tomzack, Z. 23 ff.), was (wie bei den anderen Spaziergangstexten) auf eine aktive Beteiligung von Emotionen, Erinnerungen und Phantasiegedanken bei der Verarbeitung äußerer Eindrücke schließen lässt.

In Abgrenzung zu *Jakob von Gunten* und *Schneien* lässt sich konstatieren, dass im *Spaziergang* nicht mehr das bei von Guntens Stadterfahrung noch stark dominierende Gefühl einer Überwältigung durch die Außenwelt überwiegt; stattdessen bietet sich hier in beschaulicher Umgebung die Gelegenheit zur Kontemplation, zur ungestörten Abschweifung und Innerlichkeit. Diesen Freiraum nutzt der Spaziergänger, um sich – anders als in *Schneien* – sukzessive aus der äußeren Welt zurückzuziehen und den Blick gänzlich nach innen zu richten. Das Ergebnis dieser reflexiven Innensicht ist der eigenwillige Entwurf einer Spaziergangsprogrammatik, die sowohl epistemologische als auch ethische Elemente berücksichtigt.

Im Zentrum dieser Theorie steht die Behauptung, dass der Wahrnehmungsvorgang während eines Spaziergangs nicht etwa von subjektivistischer Beliebigkeit geprägt sei, sondern in seiner unbestechlichen Aufmerksamkeit „hart an exakte Wissenschaft" (Z. 39) streife:

> Uneigennützig und unegoistisch muss er [der Spaziergänger; M.S.] seinen sorgsamen Blick überallhin schweifen und herumstreifen lassen; ganz nur im Anschauen und Merken der Dinge muss er stets fähig sein aufzugehen, und sich selber, seine eigenen Klagen, Bedürfnisse, Mängel, Entbehrungen hat er, gleich dem wackeren, dienstbereiten und aufopferungsfreudigen erprobten Feldsoldaten, hintanzustellen, geringzuachten und zu vergessen. (Z. 31-35)

Der protokollarische Blick des Spaziergängers auf die durchwanderte Umwelt – das „Studienobjekt" (vgl. Z. 37) – soll, frei von persönlichen Einflüssen, eine „sorgfältige Verarbeitung" (vgl. Z. 19) des Geschauten ermöglichen. Die so gewissenhafte wie unsystematische Aneinanderreihung unscheinbarster Wirklichkeitspartikel in allen Walserschen Spaziergangstexten erfährt hier eine theoretische Begründung, da sie eben nicht als gescheiterter Versuch einer kohärenten Wirklichkeitsabbildung gelesen werden soll, sondern als das sorgsame Anschauen der mannigfaltigen Welt mit einer Aufmerksamkeit, deren Wille zu empirischer Objektivität und Vollständigkeit mit der Selbstlosigkeit eines opferbereiten Feldsoldaten verglichen wird (vgl. Z. 34 f.).

Kaum von der Hand zu weisen ist indes, dass sämtliche Spaziergangstexte des Schweizer Autors nicht weniger als das grandiose Scheitern des im *Spaziergang* propagierten, gleichsam subjektlosen Erkenntnisprinzips dokumentieren. Die selbstbezügliche Prägung der in Walsers Texten praktizierten Wirklichkeitswahrnehmung und -darstellung ist derart frappant, dass der empirische Impetus der verlautbarten Erkenntnistheorie angesichts soeben noch beschriebener „liebe[r] Feen-Apfelbäumchen" (Z. 12.f.) und des grotesken Ungetüms Tomzack geradezu absurd wirkt.

Walsers peripatetischer Philosoph hingegen ignoriert die offenkundige Widersprüchlichkeit seiner Ausführungen und verblüfft durch eine konstruktivistische Erweiterung seines Wahrnehmungsbegriffs: Epistemologische Genauigkeit und Selbstbezogenheit schließen sich seiner Meinung nach nicht nur nicht aus, sondern können nur gemeinsam eine „gebildete und beseelte" Wirklichkeitserkenntnis garantieren:

> Den Spaziergänger begleitet stets etwas Merkwürdiges, Gedankenvolles und Phantastisches, und er wäre dumm, wenn er dieses Geistige nicht beachten oder gar von sich fortstoßen würde; aber das tut er nicht; er heißt vielmehr alle sonderbaren, eigentümlichen Erscheinungen willkommen, befreundet und verbrüdert sich mit ihnen, weil sie ihn entzücken, macht sie zu gestaltenhaften, wesenvollen Körpern, gibt ihnen Bildung und Seele, wie sie ihrerseits ihn beseelen und bilden. (Z. 41-47)

Beim Schauen fließen Inneres und Äußeres untrennbar ineinander: Die Empathie des Betrachters und sein Drang zur Verbrüderung mit den äußeren Dingen sind als wirklichkeitskonstituierende Faktoren genauso wichtig wie die Unvoreingenommenheit eines genauen und sorgsamen Blicks. Was als epistemologischer Widerspruch erscheint, wird sinnhaft, wenn man nicht nur die äußeren Dinge, sondern auch das eigene Betrachten aufmerksam betrachtet: Walsers Spaziergänger sind sich der Konstruktivität auch der belanglosesten und evidentesten ihrer Wahrnehmungen bewusst. Sie spüren, dass der Wunsch, eins zu werden mit den eigenen Wahrnehmungen, jede Erkenntnistätigkeit präfiguriert. Das Spazierengehen wird somit zu einer Chiffre für die Beweglichkeit der menschlichen Wahrnehmung, die sich niemals ausschließlich in der Außen- oder Innenwelt bewegt, sondern ihr Wirklichkeitsbild aus der permanenten Verzahnung beider Sphären gewinnt – und deren ethische Herausforderung in einem selbstkritischen Umgang mit den eigenen Wahrnehmungen liegt (vgl. Schwahl 2001: 237-241).

Die vierteilige Aufgabenstellung zu Robert Walsers *Spaziergang* erfordert ein hohes Maß an Anwendungs- und Reflexionskompetenz: Um die Erkenntnistheorie sowie die widersprüchlichen Erkenntnisoperationen des Erzählers darstellen und beurteilen zu können, müssen die an den vorangegangenen Textauszügen eingeübten Analysekompetenzen zielsicher zum Einsatz kommen (Arbeitsanweisungen 1 und 2). Hierbei räumen die halboffen bis offen formulierten Arbeitsanweisungen den Schülerinnen und Schülern einen breiten Spielraum in ihrer interpretatorischen Schwerpunktsetzung sowie der Begründung ihrer Untersuchungsergebnisse ein, sie setzen aber auch eine relativ hohe Lesekompetenz voraus. In einem Zwischenschritt sollen die Untersuchungsergebnisse sodann an die Erfahrungswelt der Lernenden rückgebunden werden (AA 3), bevor resümierend der Versuch einer Theoriebildung zur konstruktivistischen Erkenntnislehre unternommen wird (AA 4).

Die anspruchsvollen Lese- und Lernoperationen bei der Bearbeitung des *Spaziergangs* machen gegebenenfalls eine kleinschrittige Vorgehensweise nötig; einer Überforderung einzelner Schülerinnen und Schüler kann durch die Bildung möglichst heterogener Kleingruppen (Berücksichtigung individueller biographischer Erfahrungen und unterschiedlicher Textanalysekompetenzen) und den regelmäßigen Austausch im literarischen Gespräch entgegengewirkt werden. Für Lerngruppen, die noch Schwierigkeiten im eigenständigen Erarbeiten eines literarischen Textes haben oder zurückhaltend auf Fragen nach biographischen Erfahrungen reagieren, ist der Einsatz des Meisterleservortrags (vgl. Kapitel I.3.3) zu empfehlen: Dieser wäre hier besonders gut geeignet, um maßgebliche Textanalysefertigkeiten exemplarisch vorzuführen und um zu signalisieren, dass auch der Lehrer als professioneller Leser durch die epistemologischen Widersprüche in Walsers Texten irritiert ist; die Hürde, persönliche Erlebnisse und Gedanken in das literarische Gespräch einzubringen, erweist sich nach einem solchen Vortrag für die Schülerinnen und Schüler in aller Regel als deutlich niedriger.

3 Wir verstehen uns doch? – Kommunikative Entfremdung in Peter Stamms Roman *Agnes* (1998)

Klassenstufen 10-13

Autor und Werk

Die Texte des Schweizer Autors Peter Stamm (Jahrgang 1963) ähneln denen seines Landsmanns Robert Walser darin, dass sie als alltagsnahe Wirklichkeitsprotokolle daherkommen, als unspektakuläre Berichte von „Nicht-Ereignissen" (vgl. Flasch 2003), deren wenig profiliertes literarisches Personal beinahe austauschbar erscheint. Stamms Figuren sind gekennzeichnet durch die Gleichförmigkeit ihrer Biographien sowie durch eine desillusionierte, stets ein wenig weltfremde Fügsamkeit, mit der sie sich in ihr trostloses Schicksal ergeben. Anders als bei Walser, der das oft mühevolle innere Balancehalten seiner Figuren in eine mäandrierende sprachliche Suchbewegung gießt, findet die inhaltliche Kargheit von Stamms Erzählungen und Romanen ihr stilistisches Korrelat in einer ebenfalls schmucklosen, von Indifferenz und Auslassungen geprägten Erzählsprache. Stamms Geschichten setzen ihren protokollarischen Charakter somit bis in feinste stilistische Details um, anstatt sie durch einen betont subjektiven Erzählstil zu unterminieren.

Wie in den Spaziergangstexten Robert Walsers und in Seita Parkkolas *Wir können alles verlieren. Oder gewinnen*, so stehen sich auch in Stamms Werken immer wieder kontrastierende Wirklichkeitssphären gegenüber. Allerdings fungieren diese nicht als epistemologischer oder moralischer Gegenentwurf. Stattdessen wird der trostlose Alltag überblendet durch eher schemenhaft gezeichnete Parallelwelten, in die sich Stamms wie sediert wirkende Figuren zu flüchten versuchen; eine über das Kompensatorische hinausgehende Aufgabe wird diesen virtuellen Wirklichkeiten hierbei nicht zuteil.

Aus der Kollision von ernüchternder Alltagsrealität und fiktiver Wunschwirklichkeit kann man die autopoietischen, an die individuellen Erkenntnisinteressen und -möglichkeiten gekoppelten Wahrnehmungsmechanismen des Stammschen Figurenpersonals ebenso gut herauslesen wie die kommunikativen Verteidigungsstrategien, mit denen sie sich hinter ihren Wirklichkeitsvorstellungen verbarrikadieren. Ist das Spannungsverhältnis zwischen objektiver Wahrnehmungsabsicht und subjektivem Wahrnehmungsresultat bei Walser in jeden einzelnen Betrachter hineinverlagert, so wird die selbstbezügliche Struktur der menschlichen Wahrnehmung in Peter Stamms Texten zuvörderst in der dialogischen Konfrontation zwischen den Figuren und ihren subjektiven Wirklichkeitsentwürfen sichtbar.

Inhalt

Bereits Stamms erster Roman *Agnes* (1998) hat – wie sämtliche folgenden Werke des Schweizer Autors – die epistemologisch programmierte Zerbrechlichkeit zwischenmenschlicher Beziehungen zum Thema. Der namenlose Ich-Erzähler, ein Schweizer Sachbuchautor, der in Chicago für ein Buch über amerikanische Luxus-Eisenbahnwagen recherchiert, trifft in der Public Library auf Agnes, eine Doktorandin der Physik, die sich mit Grundlagenforschung über atomare Kristallgitter beschäftigt. Begierig, ihr sprödes Wesen zu entschlüsseln, drängt sich der Erzähler der wesentlich jüngeren Agnes regelrecht auf, wohl wissend, dass ihm seine eigene Freiheit immer wichtiger sein wird als eine glückliche Beziehung. Sie, die kaum soziale Kontakte pflegt und die Beziehung zu ihren Eltern abgebrochen hat, lässt sich – zum ersten Mal in ihrem Leben – auf einen Mann ein, zieht in seine Wohnung, wird schwanger. Doch die Schwangerschaft, welcher der

Erzähler ablehnend gegenübersteht, scheitert, kurz nachdem sich der Erzähler mit seiner Freundschaft zu Louise, deren lebenspraktische Klugheit einen drastischen Kontrast zu Agnes darstellt, aus der Beziehung zu verabschieden beginnt. Agnes, deren stetige Zweifel an einem gelingenden gemeinsamen Leben von nun an nicht mehr ausgeräumt werden können, erkrankt.

Mit nachlassender Bindungskraft seiner Liebe gewinnt das gemeinsame literarische Projekt des Paares, das vom Erzähler verfasste ‚Buch Agnes', an Bedeutung. Einst als spielerisches Tagebuch ihrer Beziehung geplant, verselbstständigt sich die Geschichte mit der Zeit, variiert das wirkliche Leben der beiden, beeinflusst es und führt nach dem Verlust des Kindes und angesichts des drohenden Bruches schließlich romanhaft fort, was in Wirklichkeit nicht mehr gelingen mag: Das Kind wird geboren, man heiratet, ein zweites Kind folgt. Um ein glückliches Ende bemüht, feilt der Erzähler an den letzten Seiten des gemeinsamen Buches. Doch am Silvesterabend, den der Erzähler mit Louise verbringt, liest die daheimgebliebene Agnes am Computer des Erzählers eine zweite Schlussversion, die dieser wie in Trance verfasst hat und in der Agnes den Freitod im Schnee wählt. Als der Erzähler nach Hause zurückkehrt, ist Agnes verschwunden.

Themen für den Unterricht

Das ‚Buch Agnes', jener Roman im Roman, der den in der Lebens- und Liebesrealität des Paares verfehlten emotionalen und kommunikativen Konsensbereich ersetzen soll, besorgt in seinem Schlusskapitel nicht weniger als die fiktive Auflösung der Figur Agnes und das tatsächliche Ende ihrer Beziehung. Der mit postmodernem Impetus in den Roman integrierte Text im Text sowie sein Autor, gleichsam der Beobachter im Beobachter, wenden sich gegen Agnes, sind Handlanger ihrer Auslöschung, indem sie die Wirklichkeit, zumindest *Agnes'* Wirklichkeit überschreiben, sie zum „Geschöpf" (Stamm 1998, S. 62) des Erzählers machen – eine Wendung, die Agnes, obwohl sie ihren Partner zum Auf- und Umschreiben ihrer Geschichte animiert hat, ablehnt, sobald sie erkennt, dass das ‚Buch Agnes' nicht mehr eine mögliche gemeinsame Erzählung sondern nur noch die Selbsterzählung ihres Geliebten darstellt (vgl. Schwahl 2009: 100 ff.):

> Ich habe nicht gewusst, wie wirklich es wird. Und doch ist es eine Lüge. Es ist krank. [...] Es stimmt nicht. Du musst schreiben, wie es wirklich war und wie es ist. Es muss stimmen. (S. 119)

Ausgangspunkt und Beweggrund für die Beziehung des Ich-Erzählers zu Agnes ist seine Neugierde, das rätselhafte Wesen dieses Mädchens zu ergründen, das ihm in der Bibliothek gegenübersitzt. Doch seinem Erkenntnisdrang ist von Beginn an, mit der ersten Begegnung, das Scheitern, das Nicht-Verstehen, eingeschrieben. Was zunächst den Forschungseifer des Erzählers noch anfacht („In ihren Augen sah ich keine Überraschung, sah ich etwas, das ich nicht verstand", S. 15), führt zu ersten Irritationen, als Agnes und der Erzähler sich beim Verfassen des ‚Buches Agnes' an gemeinsame Erlebnisse zu erinnern versuchen und eine voneinander abweichende Wahrnehmung konstatieren müssen:

> Ich war erstaunt, wie vieles Agnes und ich anders erlebt oder anders in Erinnerung hatten. Oft konnten wir uns nicht darauf einigen, wie etwas genau gewesen war, und auch wenn ich mich mit meiner Version meistens durchsetzte, war ich mir nicht immer sicher, ob Agnes nicht vielleicht doch recht hatte. (S. 56)

Das Motiv einer konkurrierenden Wahrnehmung der Liebenden, das im banalen Streit um die Frage, ob ihr erstes Rendezvous in einem chinesischen oder einem indischen Restaurant stattgefunden hat, noch spielerisch eingeführt wird (vgl. S. 22, 56 und 97), findet seine Fortsetzung und Steigerung in der Feststellung des Erzählers, dass er seine Geliebte in bestimmten Situationen nicht mehr erkennt, dass sie nicht mit seinem Bild von ihr kongruent ist:

> Die Sonne schien flach durch die Bäume und warf Lichtflecken auf Agnes' ruhenden Körper. Ich schaute sie an und erkannte sie nicht. Ihr Gesicht erschien mir wie eine unbekannte Landschaft. [...] Das ganze Gesicht schien mir fremd, unheimlich, und doch war es mir, als sähe ich es wirklicher als jemals zuvor, unmittelbar. (S. 58 f.)

Mit dem Wahrnehmungszweifel schleicht sich der Konjunktiv in die Beziehung der beiden ein, die Frage nach Schein und Wirklichkeit, der Schatten des ‚Als ob'. Den Ich-Erzähler, obwohl er um ihre Berechtigung weiß, treibt die Frage nach der Zuverlässigkeit seiner Wahrnehmung kaum um. Beunruhigende Beobachtungen behält er für sich (vgl. S. 58 ff.), die abweichenden Wahrnehmungen seiner Geliebten unterdrückt er (vgl. S. 56). Doch während sich der Erzähler im Streit um die ‚richtige' Wahrnehmung gegen Agnes durchzusetzen versteht, wird er von Louise in seiner epistemologischen Naivität, wonach alles, was er wahrnehme, auch so sein müsse, regelrecht vorgeführt:

> „Ich glaube wirklich, dass die Farben hier anders sind. Vielleicht hat es mit der Luft zu tun."
> „Mein kleiner Thoreau. Sei bitte nicht naiv. Dieses Land ist so alt oder so jung wie alle anderen."
> „Aber ich habe hier das Gefühl, dass noch alles möglich ist."
> „Weil du hier keine Geschichte hast. Das Bild, das sich die Europäer von Amerika machen, hat mehr mit ihnen selbst zu tun als mit Amerika. Das gilt natürlich auch umgekehrt." (S. 101)

Nach der Begegnung mit Louise ist die Zuversicht des Ich-Erzählers bezüglich der Zuverlässigkeit seiner Wahrnehmungen einer skeptischeren Grundhaltung gewichen. Agnes gegenüber findet er am Ende des Romans sogar eine anschauliche Metapher für die divergierenden Einstellungen und Beobachtungen in ihrer Beziehung, für die unterschiedlichen Geschichten, die sie sich selbst und dem anderen erzählen und die ihre Wahrnehmungen und Äußerungen präfigurieren:

> „Wir denken, wir leben in einer einzigen Welt. Dabei bewegt sich jeder in seinem eigenen Stollensystem, sieht nicht rechts und links und baut nur sein Leben ab und versperrt sich mit dem Schutt den Rückweg." (S. 127)

Die Argumentation des Ich-Erzählers, wonach niemand in der Lage sei, über seinen epistemologischen Tellerrand schauen, mehr wahrnehmen zu können von der Welt als sein eigenes ‚Stollensystem', ist eine dezidert konstruktivistische: Sie deklariert den Menschen als einsamen Beobachter und Partner, attestiert ihm ein hermetisch geschlossenes Wahrnehmungssystem, das nicht aus sich heraustreten, sondern immer nur *„in sich* an etwas *anderes* denken kann" (Luhmann 1988: 899).

Die Begegnungen der Liebenden sind überschattet vom Gefühl einer fortschreitenden emotionalen Isolation, was insbesondere daran liegt, dass es Agnes und dem Ich-Erzähler nicht gelingt, ihre epistemischen und kommunikativen Irritationen in einem selbstreflexiven Meta-Diskurs zu klären. Anstatt ihre jeweiligen Erkenntnismodi in einer Beobachtung zweiter Ordnung zu hinterfragen und so zu einer Annäherung ihrer Wirklichkeitskonzepte zu gelangen, steht die Frage, ob ihre Partnerschaft außerhalb einer zwar gemeinsam aufrecht erhaltenen, subjektiv aber ganz unterschiedlich ausstaffierten Illusion womöglich gar nicht stattfindet, meist unausgesprochen, immer aber ungeklärt im Raum.

Mit zunehmender Entfremdung ist die Kommunikation des Paares, wie beispielsweise im Anschluss an die Auslassungen des Erzählers über die Stollentheorie, von Missverständnissen, Unterstellungen und schließlich gegenseitigem Anschweigen geprägt. Darin offenbart sich beider Figuren Weigerung, sich hinreichend verstanden fühlen zu wollen:

> „Siehst du Louise noch?", fragte sie später.
> „In der Bibliothek. Ich kann nichts dagegen tun."
> „Möchtest du etwas dagegen tun?"
> „Es ist nichts mehr zwischen uns."
> „Und was war zwischen euch?"
> „Nichts", sagte ich. „Ich habe ihr gesagt, du seist zurückgekommen."
> „*Du* bist zurückgekommen." (S. 128)

Ein kritischer Abgleich der konkurrierenden Weltbilder kann unter diesen Umständen nicht gelingen, in zentralen Fragen (Liebe, Tod, Familie) gibt es keinerlei Berührungspunkte. Stattdessen delegiert das Paar die Verantwortung für den Prozess einer Konsensfindung vollständig an das ‚Buch Agnes'; als ästhetische Koproduktion übernimmt die gemeinsam erzählte Geschichte die Stelle eines gemeinsam gelebten Lebens: „Du musst und das Kind machen. Ich habe es nicht geschafft" (S. 116).

Die andauernden Zweifel und Selbstzweifel, unter denen Agnes leidet, müssen im Zusammenhang mit den ungelösten Konflikten betrachtet werden, die zwischen dem Paar schwelen. Darüber hinaus sind sie wohl auch Ausdruck einer ohnehin fragilen Identität, mit der die Titelfigur ausgestattet ist und die sich u.a. in ihrer Ordnungswut, der Sehnsucht nach einer Symmetrie aller Dinge und ihrer Beeinflussbarkeit durch Literatur zeigt. Dennoch scheitert der Versuch einer gemeinsamen Wirklichkeitskonstruktion nicht allein an Agnes' Unsicherheit; sie sollte auch nicht auf das Krankheitsbild Depression reduziert und als beziehungsunfähige Person dargestellt werden (vgl. Büchel 2012: 11 ff.). Viel eher ist die Hauptverantwortung für die Entfremdung zwischen den Partnern in der emotionalen Kälte des technokratischen Ich-Erzählers zu suchen; so zeugen dessen Empathieunfähigkeit, sein Desinteresse an Agnes' existenziellen Fragen und sein „Hang zu allgemeinplätzigen Floskeln" (Braun 2012: 47) von einer vollständig fehlenden Bereitschaft, den eigenen Stollengang zu verlassen.

Umsetzung im Unterricht

In der Beschäftigung mit Robert Walsers Spaziergangstexten sollten die Schülerinnen und Schüler Diskrepanzen zwischen dem empirischen Selbstverständnis und den äußerst subjektiven Wahrnehmungsergebnissen der literarischen Spaziergänger erkennen und hierdurch in einen Reflexionsprozess über ihre eigene Beobachterrolle gelangen. Nun müssen sie in der Langzeitstudie einer Romanlektüre versuchen, die Beziehung zweier literarischer Figuren zu analysieren und aus der Kollision ihrer unterschiedlichen Wirklichkeitsentwürfe die Themen des Werkes herauszuarbeiten.

Der Aufbau und die zentralen Themen von Peter Stamms Roman *Agnes*

- die stufenweise Entwicklung der Liebesbeziehung
- die Problematik der einseitigen Erzählperspektive
- die kompensatorische Funktion des ‚Buches Agnes' und weiterer Medien (Film, Gemälde, Lyrik)
- die Postmodernität der dargestellten Lebensentwürfe (Anonymität und Einsamkeit, Virtualität, Selbstreferentialität)

lassen sich über eine *Analyse der Kommunikationsstrukturen* besonders gut erschließen. In den dialogischen Begegnungen des Paares kommen sowohl die Charaktermerkmale der Protagonisten als auch die leitmotivischen Akzente des Textes permanent zum Vorschein. Eine gründliche Untersuchung des Gesprächsverhaltens beider Figuren – verknüpft mit thematisch weiterführenden Beobachtungs- und Arbeitsaufträgen (‚Lernaspekte'), beispielsweise zum Symbolgehalt des Romans (Schnee, Glas, Stadt etc.) – kann somit eine solide Grundlage für die Interpretation des Romans bilden; außerdem führt sie auch zum epistemologischen Kern des Textes, dessen Aussagen zur (Nicht-) Erkennbarkeit von Wirklichkeit und Mitmenschen sich dezidiert an konstruktivistischen Axiomen orientieren (vgl. Material 5).

Der konstruktivistischen Forderung nach individualisierten literarischen Lernprozessen kann mit dem vorgeschlagenen lektürebegleitenden Arbeitsauftrag entsprochen werden, aus dem die Schülerinnen und Schüler eigene Überlegungen zum epistemologischen und kommunikativen Gehalt sowie zu den Leitmotiven des Romans entwickeln. Als Ausgangsbasis und Arbeitshypothese für eine individuelle Textbegegnung könnte ein Interviewbeitrag des Autors dienen, in dem er sich skeptisch zur Möglichkeit gelingender zwischenmenschlicher Kommunikation äußert und dennoch die Notwendigkeit von immer wieder neuen Kommunikationsversuchen erläutert. Hieraus ergibt sich das didaktische Globalziel für die Beschäftigung mit *Agnes*, nämlich die Kommunikationsstruktur des Romans zu analysieren, um die These des Autors in einer Gesamtbetrachtung verifizieren oder relativieren zu können (vgl. Material 6).

Die im Rahmen des Unterrichtsmodells separat in den Blick genommenen Teilkompetenzen (Dialoganalyse, Symbolverstehen, Figurencharakterisierung etc.) reduzieren die didaktische und methodische Komplexität des Globalziels und zeigen insbesondere schwächeren Schülerinnen und Schülern die jeweils notwendigen Lernschritte auf, die zur Formulierung einer Kernaussage notwendig sind. Die Bearbeitung des Aufgabenpools durch die Lernenden erfolgt selbstgesteuert, auch in Arbeitsgruppen, in einem Zeitraum von ein bis zwei Wochen; der Lehrer beschränkt sich auf eine beratende Begleitung des Leseprozesses. Die Ergebnisse zum Globalziel und den einzelnen Lernaspekten werden schriftlich festgehalten und bilden die Grundlage für eine anschließende aspektorientierte Behandlung des Werkes im Unterricht.

Rollentagebuch

Ergänzend oder alternativ zur Bearbeitung des Aufgabenpools können die Romanfiguren und ihre Wahrnehmungsmechanismen auch mit einem noch offeneren Verfahren erschlossen werden. Als besonders geeignet erscheint in diesem Zusammenhang die lektürebegleitende Erstellung eines Rollentagebuchs, das die Weltsicht und die Selbsterzählung der Figuren protokolliert. Das Rollentagebuch gestattet eine individuelle Annäherung an die moralischen Einstellungen, die biographischen Erfahrungen und die emotionalen Bedingungen der Figuren. Denkbar ist, dass sich jeder Lernende im Rollentagebuch mit nur einer der beiden Hauptfiguren beschäftigt und die Konfrontation der jeweiligen Rollenexperten dann im Rahmen einer szenischen Darstellung oder eines Schreibgesprächs arrangiert wird (Zweiergruppen, in denen sich jeweils eine Agnes und ein Ich-Erzähler begegnen).

Die nicht zu unterschätzende Schwierigkeit dieser perspektivischen Texterschließungsmethode ist sicherlich in dem Umstand zu sehen, dass sämtliche Informationen über Agnes durch den Ich-Erzähler geliefert werden.

Dessen persönliche Färbung aus den Rollentagebüchern der Agnes-Figur zu eliminieren, ist keine leichte Aufgabe, bei der die Lernenden gegebenenfalls eine verstärkte Beratung durch den Lehrer benötigen. Gelingt indes eine stimmige Einfühlung in die jeweilige Figur, so bietet das gewählte Verfahren den aus Sicht einer konstruktivistischen Didaktik unbestreitbaren Vorteil, dass die Lernenden die biographisch-ideologische Färbung eines Weltbildes gleichsam in status nascendi erleben. Die autopoietische Steuerung der Wirklichkeitserfassung – die Klassifizierung von Wahrnehmungen, die kommunikative Absicherung des eigenen Weltbildes – kann mit den Augen einer der Figuren sukzessive erschlossen, die biographische Notwendigkeit einer selbstbezüglichen Welterzählung am konkreten Beispiel nachvollzogen werden. Durch diese Herangehensweise wird den Schülerinnen und Schülern eine wertvolle epistemologische Differenzerfahrung ermöglicht: Haben sie Verständnis für das in ihrem Figurenprotokoll zutage tretende Weltbild? Empfinden Sie Empathie für die Figur, deren Weltsicht sie zu verstehen versuchen? Inwiefern weichen die Wahrnehmungen und Einstellungen ihrer Figur von jenen des Liebespartners ab?

Gezielte Textanalyse

Eine Verknüpfung von individualisierten Texterschließungsphasen (lektürebegleitender Aufgabenpool, Rollentagebücher) und *kompetenzorientierten* Fragestellungen kann durch eine punktuelle Tiefenanalyse einzelner Kapitel erfolgen. Vor dem Hintergrund ihres bis dahin weitgehend selbstständig erarbeiteten generellen Figurenwissens können die Schülerinnen und Schüler beispielsweise über gezielte Dialog- und Symbolanalysen die rhetorischen Strategien und sprachlichen Mittel untersuchen, mit denen die Figuren ihre persönliche Version des Geschehens und ihre Einstellung zum Partner zu behaupten versuchen. Für eine solche Mikroanalyse eignet sich u.a. Kapitel 29 (Heiligabend), in dem das Erkenntnisdilemma des Liebespaares exemplarisch verhandelt wird (vgl. Material 7).

Gelingende Kommunikation

Abschließend können die Lernenden – bevorzugt mittels produktiver Schreibverfahren – weiterentwickeln, wie eine *gelingende* Unterhaltung zwischen Agnes und dem Ich-Erzähler verlaufen könnte und welche Bedingungen hierfür erfüllt sein müssten. Besonders Gewinn bringend wäre in diesem Zusammenhang, wenn die Schülerinnen und Schüler die Bedeutung epistemologischer und kommunikativer *Meta-Strategien* erkennen würden. Die Fähigkeit und Bereitschaft der Gesprächspartner zur Reflexion und Relativierung ihrer autopoietischen Wirklichkeitskonstrukte, zu einer Beobachtung zweiter Ordnung, könnte dann als entscheidende Voraussetzung für eine dialogische Annäherung der divergierenden Wirklichkeitsmodelle reflektiert werden.

4 Wahn und Sinn: Psychische und Erkenntniskrisen in E. T. A. Hoffmanns Erzählung *Der Sandmann* (1815)

Klassenstufen 10-13

Autor und Werk

Unter dem Eindruck von Immanuel Kants idealistischer Erkenntnistheorie (*Kritik der reinen Vernunft*, 1787) wächst die Aufmerksamkeit für erkenntniskritische Positionen auch in der literarischen Welt. Das berühmteste Beispiel aus der Zeit um 1800 dürfte Heinrich von Kleists rätselhafte Gespenstergeschichte *Das Bettelweib von Locarno* (1810) darstellen, ein Text, dessen epistemologische Widersprüchlichkeit als unmittelbare Reaktion auf Kleists legendäre Kant-Krise aufgefasst werden kann (vgl. Mein 2006). Auch E. T. A. Hofmanns Nachtstück *Der Sandmann* (1815) wirft die Frage nach der epistemologischen Zuverlässigkeit der erzählten Welt auf. Im unauflösbaren Nebeneinander sich widersprechender Wirklichkeitselemente und Weltanschauungen führt die Erzählung eine aus heutiger Sicht hochmoderne Fragmentierung ihrer literarischen Realität vor, deren epistemische Konsistenz mit zunehmender Lesegenauigkeit immer weniger aufrechtzuerhalten ist.

Inhalt

Im Kontrast zu Kleists *Bettelweib*, das den labilen Geisteszustand des Marchese zwar thematisiert, jedoch keinen eindeutigen Zusammenhang zwischen der Psyche der Hauptfigur und der bizarren Textwirklichkeit herstellt, verknüpft Hoffmanns Erzählung die strukturelle Brüchigkeit der dargestellten Welt systematisch mit dem seelischen Zerfall ihres Protagonisten:

Nathanael, ein Physikstudent mit literarischen Ambitionen, erliegt der reizvollen Tochter seines Professors, was ihn nicht nur vom bürgerlich-aufgeklärten Milieu seiner Familie, sondern auch von den Maßstäben einer allgemein als realistisch betrachteten Wirklichkeitserfahrung entfernt. Denn bei der anmutigen Olimpia handelt es sich um eine leblose Automatenpuppe, was Nathanael jedoch erst bewusst wird, als sich ihre Erschaffer, eben jener Professor Spalanzani sowie der Wetterglas- und Brillenhändler Coppola, im Streit um die Urheberrechte derart in die Haare geraten, dass Olimpia im Handgemenge zerrissen wird. Die plötzliche Erkenntnis seines Irrtums hat einen seelischen Krankheitsschub zur Folge, von dem sich Nathanael nicht mehr erholen wird.

Einen früheren Nervenanfall hat Nathanael erlitten, als ihn Coppola zum ersten Mal in seiner Studentenbude aufsuchte. Was den Studenten damals so erschütterte, war die Ähnlichkeit des Krämers mit dem Advokaten Coppelius, einer angstbesetzten Person aus Nathanaels früher Kindheit. Dieser Advokat war häufig Gast im Hause seines Vaters, mit dem er alchimistische Experimente durchführte. Bei einem dieser Versuche kam Nathanaels Vater auf tragische Weise ums Leben. Seit jenen frühen traumatisierenden Begegnungen mit Coppelius spukt der Advokat in Nathanaels Fantasie als ‚Sandmann' herum, der den Kindern das Augenlicht nimmt, indem er ihnen Sand in die Augen streut. Weder Nathanaels vernünftige Verlobte Clara noch deren Bruder Lothar vermögen es, Nathanael dauerhaft von seiner Besessenheit abzubringen. Eine letzte Konfrontation mit dem Schrecken erregenden Coppelius am Ende der Erzählung überlebt der mittlerweile völlig zerrüttete Nathanael nicht; er springt in den Tod.

Themen für den Unterricht

Hoffmanns düster-romantische Erzählung stellt den Leser vor ein Rätsel: Scheitert Nathanael an sich selbst oder am Einfall des Unheimlichen? Wird seine seelische Gesundheit von krankhaften inneren oder von feindseligen äußeren Kräften vernichtet? *Der Sandmann* bietet Hinweise für beide Positionen und auch das literarische Personal teilt sich, was den Auslöser der zerstörerischen Vorgänge in Hoffmanns *Sandmann* betrifft, in zwei klar voneinander abgegrenzte Lager: So ist Nathanael schon vor der Eskalation der Geschehnisse davon überzeugt, dass „jeder Mensch, sich frei wähnend, nur dunklen Mächten zum grausamen Spiel diene" (Hoffmann 1994: 20). Er sieht sich als Opfer einer finsteren Verschwörung, die Spalanzani und der sadistische Coppelius alias Coppola angezettelt haben, um ihn mithilfe der verführerischen Olimpia in den Wahnsinn zu treiben. Clara, die Hellsichtige (so ihr sprechender Name), begegnet dieser Theorie mit positivistischen Argumenten. Nüchtern setzt sie ihrem Verlobten die Genese seiner paranoiden Fantasien auseinander und erklärt „ganz heitern unbefangenen Sinnes", dass „alles Entsetzliche und Schreckliche, wovon du sprichst, nur in deinem Innern vorging, die wahre wirkliche Außenwelt aber daran wohl wenig teilhatte" (Hoffmann 1994: 13).

Nach seiner ersten Nervenkrise, von Claras zärtlicher Fürsorge gesundgepflegt, versucht Nathanael, die epistemologische Perspektive seiner Verlobten zu übernehmen (vgl. Material 8): Durch das Fenster seines Studienzimmers betrachtet er Olimpia im benachbarten Wohnhaus mit abgeklärt-kühlem Blick: Und obwohl er ihren schönen Wuchs weiterhin anerkennen muss, verhält er sich nun ihrer Erscheinung gegenüber betont gleichgültig. Außerdem nimmt er einen Anlauf zur Überwindung seiner „kindische[n] Gespensterfurcht" (Z. 13 f.), indem er sich selbst klarmacht, dass der soeben in seinem Zimmer erscheinende Wetterglashändler Coppola „ein höchst ehrlicher Mechanicus und Opticus, keineswegs aber Coppelii verfluchter Doppeltgänger und Revenant" (Z. 41 ff.) sei.

Unabhängig von der Frage, wie zerrüttet Nathanaels Psyche zu diesem Zeitpunkt schon sein mag (eine Frage, die bis zum Ende der Erzählung offen bleiben wird), erweist sich das Verfahren, mit dem Hoffmann in den darauffolgenden Zeilen den Wahrnehmungsmodus des Studenten beschreibt, als erkenntnisphilosophisch äußerst aufschlussreich. Denn erst als Nathanael das von Coppola erstandene Perspektiv ans Auge hält, verändert sich seine zuvor noch prosaische Wahrnehmung Olimpias, nimmt er die Puppe stärker als jemals zuvor als zauberhaftes, himmlisch-schönes Wesen – und als lebendig – wahr. Ausgerechnet mit einem Fernglas, „das die Gegenstände so rein, scharf und deutlich vor die Augen rückte" (Z. 49 f.), gewinnt Nathanaels Wahrnehmung eine eindeutig selbstbezüglichemotionale Färbung, die in radikalem Kontrast zur vermeintlichen Objektivität des wissenschaftlichen Instruments steht. Je „schärfer und schärfer" (Z. 54) Nathanael durch das Glas schaut, umso mehr scheint es, als würde „nun erst die Sehkraft entzündet" (Z. 56) – gemeint sind eigentlich die bislang als tot empfundenen Augen des Automatenmädchens; grammatikalisch und logisch könnte Nathanaels *eigener* Blick jedoch ebenso gut mitgemeint sein.

Erschwerte Wahrheitssuche

Die Frage nach dem Wahrheitsgehalt der in Hoffmanns Erzählung kursierenden Wirklichkeitsversionen muss der Leser selbst beantworten. Allerdings erschwert die Erzählstruktur des Textes dieses Vorhaben erheblich. Denn anstatt den Leser an die Hand zu nehmen und ihn auf seiner Suche zu begleiten, wählt Hoffmann ein ausgesprochen modernes Erzählverfahren, das nicht nur verschiedene Textsorten sondern auch unterschiedliche Erzählperspektiven versammelt: Nach der einleitenden Wiedergabe des Briefwechsels zwischen Nathanael, Clara und Lothar, der Nathanaels Vorgeschichte erhellt und die widersprüchlichen Erklärungsversuche innerhalb der Familie aufzeigt, wird der weitere Handlungsverlauf aus zwei Blickwinkeln dargeboten: Die spannenden personalen Erzählpassagen, die das Geschehen aus Nathanaels Sicht wiedergeben, werden immer wieder unterbrochen durch die Kommentare eines Herausgebers, der sich als gut informierter Freund des „armen Nathanael" (Hoffmann 1994: 17) zu erkennen gibt, aber auch aus seiner Sympathie für Clara und deren Weltsicht keinen Hehl macht. Oft fließen diese beiden Erzählstimmen, das sich allwissend gebärdende Ich des Herausgebers und der personale Augenzeugenbericht, so nahtlos ineinander, dass mit der Polyphonie des Textes auch die Grenze zwischen Realismus und Fantastik, zwischen Wahn und Wirklichkeit verschwimmt.

Am Höhepunkt der Erzählung, als Spalanzani und Coppola die Automatenpuppe im Streit zerstören und das verhängnisvolle Schicksal des Studenten besiegeln, zeigt das Hoffmann'sche Erzählverfahren seine stärkste, weil den Leser gänzlich verunsichernde Wirkung: So vertauscht Professor Spalanzani im Wortgefecht mit dem Wetterglashändler die Namen Coppola und Coppelius. Anstelle des Italieners fällt der Name des Advokaten. Ein Versprecher? Ein Zufall? Oder will der erboste Spalanzani, der die falsche Identität des Advokaten bislang gedeckt hat, Coppelius nun enttarnen und dessen zwielichtige Rolle in der Geschichte für jedermann sichtbar machen? Letzteres wäre der Beweis für die von Nathanael vermutete Verschwörung finsterer Mächte – doch mit wessen

Augen und Ohren wird der Vorfall wiedergegeben: mit jenen des (vermeintlich neutralen) Herausgebers oder mit den vom Wahnsinn getrübten Sinnen Nathanaels?

Vernichtung aufklärerischer Gewissheiten

Hoffmanns *Sandmann* ist nicht nur die Geschichte eines krankhaft verliebten jungen Mannes, der im Banne dunkler (innerer oder äußerer) Mächte steht, sondern vor allem ein Lehrstück über die Ungewissheit des menschlichen Erkennens. Weder naturwissenschaftliche Grundsätze noch die Vernunftappelle der Familie bestimmen Nathanaels Wahrnehmungen, sondern einzig sein liebender Blick auf die Automatenpuppe. Der zerstörerische Einfall des vermeintlich Unwirklichen in die Welt aufgeräumter Bürgerlichkeit zielt auf die Ironisierung eines rationalen Denkens, das in Zeiten von Forschung und Fortschritt die ‚wirkliche' Wirklichkeit wie selbstverständlich für sich reklamiert. Dem geordneten Weltbild der Aufklärung stellt Hoffmann ein Wirklichkeitsmodell gegenüber, das – ganz im Sinne einer romantisch-dualistischen Poetik – auch die Nachtseite der Wirklichkeit berücksichtigt. In der Doppelgänger-Figur Coppelius/ Coppola, im Schicksal des Vaters, der gegen den Willen der Mutter auf alchimistische Abwege gerät, vor allem aber in der inneren Zerrissenheit Nathanaels wird sichtbar, dass Vernunft und Fantasie in Hoffmanns Erzählung nicht nur zwei gleichberechtigte Sphären bilden, sondern mitunter so untrennbar verschmelzen, dass man darüber den Verstand (und sein Leben) verlieren kann.

Umsetzung im Unterricht

Die besondere Eignung von Hoffmanns *Sandmann* für den Unterricht ergibt sich aus dem Umstand, dass er eine Positionierung des Lesers geradezu erzwingt. Der Intensität, mit der Nathanaels seelischer Zerfall, seine emotionale und soziale Isolierung, die mysteriösen Vorgänge in seinem persönlichen Umfeld dargestellt werden, kann man nicht mit Gleichgültigkeit begegnen. Die Lernenden müssen sich entscheiden, welchem der im Text kursierenden Erklärungsversuche sie folgen wollen, wie weit ihr Verständnis für Nathanaels abseitige Wahrnehmungen geht. Zugleich müssen sie sich der Frage stellen, welchen Stellenwert *sie selbst* der Fantasie als sinn- und wirklichkeitsstiftendem Element zuschreiben, aus welchen Komponenten sich ihre *eigene* Weltauffassung zusammensetzt.

Leitmotivik

Als kontinuierlich wiederkehrendes Leitmotiv in Hoffmanns Erzählung transportiert das *Auge* vielfache innertextliche Referenzen, Allusionen und Bedeutungsebenen: Die Wesenszüge des literarischen Personals können ebenso an den Augen abgelesen werden (kalte, stechende, tote, klare, helle Blicke) wie dessen aktuelle Gefühlslage (die Tränen der Mutter, Nathanaels rollende Augen usw.). Das Kindheitstrauma des Protagonisten kreist um die Angst, das Augenlicht zu verlieren, was als Angst vor Orientierungslosigkeit, als Todesangst oder freudianisch sogar als Kastrationsangst gelesen werden kann, vor allem aber als Angst vor dem Verlust der Erkenntnis, wofür das Sehen metaphorisch steht. Und schließlich spiegeln die Blicke der Figuren – die „feuchte[n] Mondesstrahlen" (Z. 55) von Olimpias Augen, Claras „holdlächelnd" kindlicher Blick (Hoffmann 1994, S. 19) – den Liebeswunsch des jeweiligen Betrachters wider (Nathanael-Olimpia, Herausgeber-Clara), der im Fall von Nathanaels narzisstischer Beziehung zur Automatenpuppe sogar tote Materie zum Leben erwecken kann. In den Augen der Hoffmann'schen Beobachter kann ein und dieselbe Wirklichkeit völlig unterschiedliche Züge annehmen; ihr Schauen, Erkennen und Verstehen ist immer untrennbar mit ihrer Person, ihren Charaktereigenschaften, Gefühlen und vor allem Erfahrungen verbunden. Vor dieser konstruktivistischen Folie skizziert Hoffmanns *Sandmann* eine literarische Welt, in der es Objektivität nicht geben kann.

Eine unterrichtliche Behandlung der epistemologischen Textaspekte in E. T. A. Hoffmanns *Der Sandmann* könnte deshalb *konzentrisch*, ausgehend vom Themenfeld Auge/Sehen/Erkennen erfolgen. Voraussetzung hierfür wäre, dass sich die Schülerinnen und Schüler eine eigenständige erkenntnistheoretische Position erarbeiten, die sie systematisch in Beziehung zu den jeweiligen epistemologischen Standpunkten der Figuren sowie zum Handlungsverlauf der Schauergeschichte setzen können: Welche subjektiven Assoziationen werden mit dem Begriffskomplex ‚Auge' verknüpft? Finden sich hierfür im Text Korrelate? Welche Figur kommt den eigenen Erkenntnisvorstellungen am nächsten?

Perspektivische Annäherung

Um eine *individualisierende* Beschäftigung mit den widersprüchlichen epistemologischen Aussagen der Erzählung zu erreichen, ist eine enge Anbindung der Lernenden an jene literarische Figur zu empfehlen, mit der sie sich am ehesten identifizieren oder die sie zu vehementer Gegenrede provoziert. Denkbar ist eine Annäherung über Rollenbiographien, innere Monologe oder Briefe, in denen z.B. Nathanaels Antworten auf die Schreiben Claras und Lothars formuliert werden. Hierdurch könnte auch aus klassischer hermeneutischer Perspektive eine Unbestimmtheitsstelle des literarischen Textes produktiv geschlossen werden.

Mit weiteren handlungs- und produktionsorientierten Methoden (fiktive Streitgespräche zwischen den epistemologischen Lagern, auch im Schreibgespräch) oder analytisch-diskursiven Verfahren (Unterrichtsgespräch über die Erkennbarkeit der Welt am Beispiel von Hoffmanns *Sandmann*, evtl. unter Einbeziehung von Kants Schriften, vgl. Material 9) könnten die Schülerinnen und Schüler schließlich auch zu einer *kollektiven* Auseinandersetzung über die im Text transportierten Einstellungen, Motive und Konflikte gelangen.

Systemische Aufstellung

Als eine dezidiert *konstruktivistische* Methode, die den Lernenden eine ganzheitliche Betrachtung der im Text vorgetragenen erkenntnistheoretischen Auffassungen ermöglicht und darüber hinaus auch eine Reflexion ihrer *eigenen* Erkenntnistätigkeit (sowohl im Alltag als auch während der Lektüre) in Gang zu setzen vermag, bietet sich die Systemische Aufstellung an.

Die systemische Aufstellung stammt ursprünglich aus dem Bereich der Familientherapie und kommt als Familien- und Krankheitsaufstellung in vielen therapeutischen Kontexten sowie in Gestalt von Organisationsaufstellungen als unterstützender Beitrag zu Konfliktlösungen oder kreativen Prozessen in Unternehmen zur Anwendung (vgl. Weber 2000 und Hellinger 2002). Die Aufstellung ist eine Form systemischer lösungsorientierter

Arbeit, die den einzelnen Menschen aus seiner individuell begrenzten Wahrnehmung eines Problems zu befreien und ihn in seinen intersubjektiven Verstrickungen innerhalb eines größeren sozialen Systems – seiner Familie, seiner Betriebsabteilung, seiner Schulklasse – zu zeigen versucht. Im Literaturunterricht empfiehlt sich die systemische Aufstellung, um komplexe Beziehungsmuster, Hierarchien und konfliktbehaftete Handlungsstrukturen aufzuzeigen sowie einen Prozess zu initiieren, der die konkurrierenden Positionen miteinander ins Gespräch bringt und womöglich einer gemeinsamen Lösung zuführt.

Die systemische Aufstellung arbeitet mit der Repräsentation eines sozialen Systems durch Stellvertreter, die für die jeweiligen Mitglieder des zu analysierenden Systems aufgestellt werden. Eine Person aus der Gruppe wird zum Aufsteller bestimmt: Dieser wird die Stellvertreter so zueinander aufstellen, wie er deren Beziehungen wahrnimmt, sich selbst mit einbezogen. Die besondere situative Wirkung der systemischen Aufstellung wird dadurch erzielt, dass die Stellvertreter die ihnen zugeteilte Person nicht wie auf der Bühne oder in einem Rollenspiel *spielen*, sondern sich, sobald sie sich innerhalb des aufgestellten Systems befinden, mit dem System und ihrer Rolle *identifizieren*. Kein auswendig gelernter Text wird vorgetragen, keine vorgegebene Dramaturgie in Szene gesetzt. Stattdessen fühlen sich die Lernenden in die Figur ein und vertreten sie innerhalb des Systems mit allen Eigenheiten und Interessen, die sie während der Lektüre wahrgenommen haben. Durch diese Verflechtung von darzustellender Person und selbstbezüglich-biographischer Prägung des Stellvertreters entfalten Aufstellungen eine suggestive Kraft, der sich die Beteiligten kaum zu entziehen vermögen:

> Die Stellvertreter, die teilnehmenden Beobachter und der Aufstellende sind, sobald das ganze System aufgestellt ist, den Systemkräften unmittelbar und *gleichzeitig* ausgesetzt. So entsteht ein synergetisches Feld, in dem alte Wirklichkeiten und neue Möglichkeiten kurz aufeinander folgend von allen erlebt werden können. Das ganze System Aufstellungsgruppe wird also jeweils erst von der Dynamik der Problemkonstellation wie später auch von der Lösungsatmosphäre ‚infiziert'. (Weber/Gross 2000: 406)

Eine Aufstellung erfordert von den Lernenden eine genaue Text- und Figurenkenntnis, die im Vorfeld erworben werden muss (siehe *Vorarbeit und Durchführung*). Dennoch werden in die Darstellung einer literarischen Figur neben verifizierbaren Merkmalen stets auch persönliche, zum Beispiel emotionale Besonderheiten des Stellvertreters einfließen. Unterschiedliche Lesarten treffen aufeinander, die geklärt und miteinander in Einklang gebracht werden müssen, was die Text-, die Wahrnehmungs- und die kommunikative Kompetenz der Lernenden schult.

Interpretationsarbeit

Die vom Aufsteller gewählte Erstaufstellung bildet die Ausgangsbasis für den weiteren Aufstellungsverlauf. Daran anschließend suchen die Stellvertreter den Kontakt zum übrigen Textpersonal, begründen oder rechtfertigen ihr Verhalten, benennen Zeugen, klagen an oder umwerben, verteidigen sich gegen Vorwürfe und suchen nach Kompromissen. Der literarische Text wird zum Sprechen gebracht, sein Beziehungs- und Machtgefüge erfahrbar. Außerdem wird deutlich, dass eine zugeschriebene Position innerhalb des Systems eine interpretatorische Aussage über die jeweilige Figur beinhaltet, weshalb mitunter auch Forderungen nach einer Neuaufstellung laut werden.

Konfliktlösungen, die während einer Aufstellung gefunden werden, gehen inhaltlich bisweilen über den Text hinaus, so zum Beispiel wenn verstorbene Figuren den Diskussionsprozess in einer Weise beeinflussen, die ihnen der Text aufgrund ihres Ablebens gar nicht gestattet. Erweisen sich solche Rollenverstöße als produktiv, sollten sie nicht voreilig unterbunden werden; die anderen Stellvertreter müssen in ihren Reaktionen jedoch klarstellen, an welchem Punkt der durch den Text gesetzte Rahmen verlassen wird. In den meisten Fällen werden Fehleinschätzungen einer Figur oder des Textinhalts rasch identifiziert, da jedes durch den Text nicht gedeckte Figurenverhalten immer auch das Text- und Rollenverständnis der anderen Handelnden tangiert (siehe *Unterrichtsbeispiele*, Abb. 1). Eine Intervention durch die Lehrkraft empfiehlt sich erst dann, wenn abwegige Konstellationen oder Wortbeiträge von den Aufstellungsteilnehmern einfach hingenommen werden.

Vorarbeit und Durchführung

Im Vorfeld einer systemischen Aufstellung sollte jeder Lernende eine Patenschaft für eine Figur des gelesenen Textes übernehmen. Dies kann je nach Altersstufe und Komplexität des Textes in Form eines Steckbriefes, eines

Lese-/Rollentagebuches oder einer Rollenbiographie geschehen. Ziel dieser vorbereitenden Phase ist, dass sich der Leser ein umfassendes Bild von der Gedanken- und Gefühlswelt, den Einstellungen und Handlungen seiner literarischen Figur macht und sich deren Beziehungen zu anderen Figuren des Werkes vergegenwärtigt. Auch vom Lehrer formulierte Lernaufgaben – zum Beispiel zur Bedeutung des Augenmotivs für die jeweilige Figur – können in diesem Zusammenhang bearbeitet werden. Mit einer Patenschaft wird den Lernenden eine hohe Verantwortung für den Unterrichtserfolg übertragen; sie motiviert zur Lektüre und unterstützt den Aufbau eines individuellen mentalen Textmodells, das in die spätere Aufstellung transportiert werden kann.

Die Aufstellung setzt ein fortgeschrittenes Textverständnis voraus, kann dann jedoch flexibel eingesetzt werden, indem sie den gesamten Text oder auch nur ein Kapitel/einen Akt/eine Szene in den Blick nimmt. Sie sollte durch eine Hauptfigur oder eine andere handlungsbestimmende Figur erfolgen, um zu gewährleisten, dass sich die Aufstellung mit den zentralen Konflikten des literarischen Werkes beschäftigt.

Nach erfolgter Erstaufstellung wird der Diskussionsprozess eingeleitet, indem der Aufsteller zunächst seine Anordnung der Figuren erläutert und begründet. Hierauf können die Stellvertreter spontan reagieren, ohne dass formale Spielregeln beachtet werden müssen (z.B. Redezeit, Reihenfolge). Allerdings darf kein Stellvertreter seine Position eigenmächtig verlassen; Umstellungen dürfen nur durch den Aufsteller vorgenommen werden. Es entsteht ein lebhafter Austausch zwischen den Figuren, an dessen Ende oft resümierende Erklärungen stehen. Manchmal kommt es auch zu Versöhnungen, die mit Lösungssätzen der betroffenen Figuren verbunden sein können.

Je nach Qualität der Erstaufstellung, Engagement der Stellvertreter und Moderationsgeschick des Aufstellers dauert eine systemische Aufstellung ca. 30 bis 45 Minuten. Der Aufsteller beendet die Aufstellung, wenn sich ein konsensfähiges Schlussbild abzeichnet oder ein Konflikt trotz mehrfacher Impulse unlösbar bleibt. Der Aufsteller (evtl. der Lehrer) garantiert, dass vor Abschluss einer Aufstellung alle Stellvertreter ihre Selbst- und Fremdeinschätzungen artikulieren und kontrovers austragen konnten.

Nicht alle Lernenden können aktiv an einer Aufstellung teilnehmen. Die nicht direkt involvierten Schülerinnen und Schüler fungieren als Beobachter. Ideal ist, wenn jede Figur des Textes mindestens doppelt besetzt ist. Die Außenstehenden beobachten dann das Verhalten jenes Stellvertreters, für dessen Figur sie ebenfalls eine Patenschaft übernommen haben. Außerdem protokollieren sie den Aufstellungsverlauf. Die Doppelbesetzung von Figuren ermöglicht eine gemeinsame Vorbereitung auf die Aufstellung und – falls nötig – ein Coaching in einer Aufstellungspause.

Da textbezogene Verständnisprobleme und Fehldeutungen nur selten unentdeckt bleiben, kann sich der Lehrer auf organisatorische Aspekte sowie auf die wichtige Phase der Anschlusskommunikation konzentrieren:

- Sicherung des Aufstellungsverlaufs (z.B. Visualisierung, s. Material)
- Kontextualisierung der Ergebnisse (z.B. Epochenbezug)
- Reflexion des Prozesses und der Stellvertreterrolle

Unterrichtsbeispiele

Die Unterrichtsbeispiele zeigen die Schlussbilder zweier Systemaufstellungen zu Hoffmanns *Sandmann*. Die Aufstellungen wurden in unterschiedlichen Klassen nach erfolgter Ferienlektüre zu Beginn der Unterrichtseinheit durchgeführt. Die Lernenden hatten sich auf ihre Figur mit einer lektürebegleitend erstellten Rollenbiographie vorbereitet. Als Aufsteller fungierten Clara (Abb. 1) und Nathanael (Abb. 2).

Wie aus **Abb. 1** deutlich hervorgeht, beschäftigte sich die Lerngruppe im ersten Unterrichtsbeispiel vorrangig mit der (seelischen, sozialen, philosophischen) Isolation Nathanaels: Olimpia, Coppelius/Coppola und Spalanzani wurden von der Aufstellerin Clara als menschliche Mauer empfunden und angeordnet, die Nathanael vom Rest der Welt, vor allem aber von seiner Familie und der Verlobten trennt. Im Folgenden versuchte Clara, die Mauer zu überwinden. Da Olimpia und ihre Schöpfer dem in die Enge gedrängten Nathanael aber nicht nur die Sicht auf Clara verdeckten, sondern ihn auch verbal von seiner Verlobten ablenkten, zaghafte Annäherungsversuche zwischen den beiden bisweilen lautstark übertönten, blieb Nathanael die Kommunikation mit der bürgerlichen Welt weitgehend verwehrt. Die Mutter versuchte zu vermitteln, resignierte aufgrund ihrer ohnehin unbedeutenden Randposition jedoch bald. Obwohl Nathanael und Clara durchaus den Willen zu einer Annäherung signalisierten, zeichnete sich im Aufstellungsverlauf eher eine Verhärtung der Fronten ab. Die emotionale Macht, die der Kreis um Olimpia auf den Studenten ausübt, war in dieser Aufstellung für alle Stellvertreter geradezu körperlich spürbar, ebenso die Unheilbarkeit des Konfliktes.

Abbildung 1:

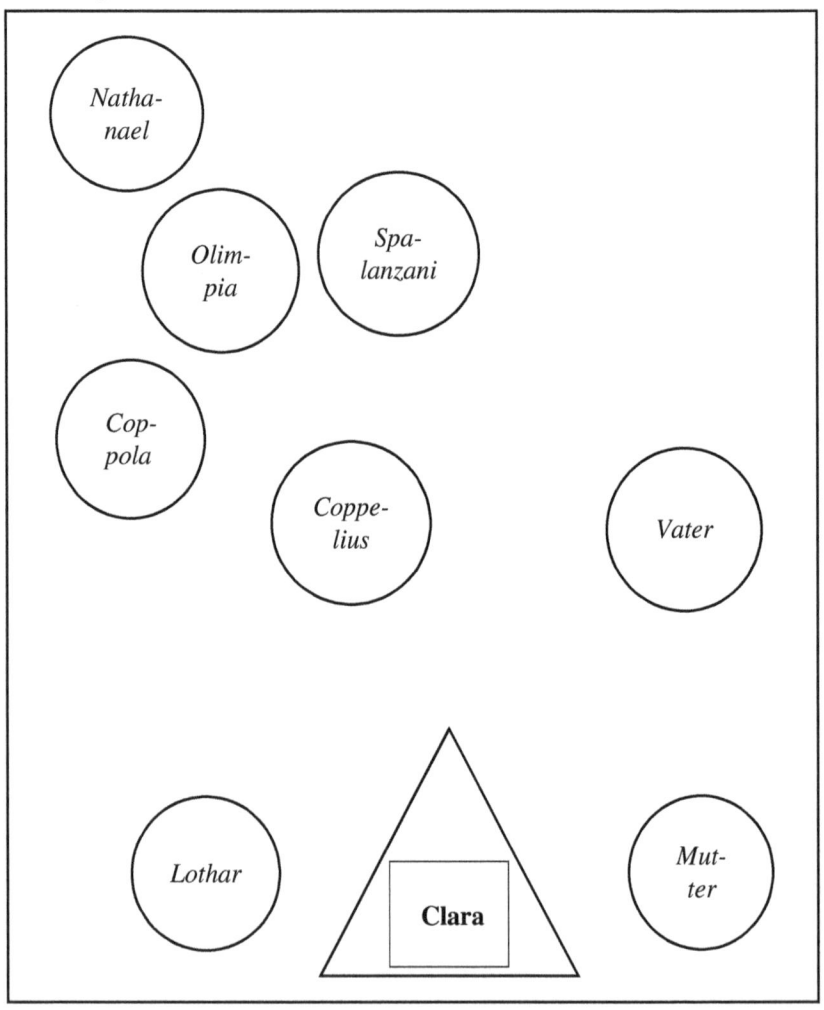

Während der Aufstellung kam es zu einem strittigen Veränderungsvorschlag, der die Selbstregulierungskräfte des Systems belegt: Der Stellvertreter des Vaters schlug vor, dass er doch besser direkt neben Coppelius aufgehoben sei, da er mit ihm ja die alchimistischen Versuche unternommen habe, wodurch er sich eindeutig zur Welt der Fantasie bekannt habe; außerdem könne er durch diesen Positionswechsel die Front noch verstärken, die Nathanael den Weg zu Clara versperrt. Dem widersprachen jedoch die anderen Stellvertreter, indem sie darlegten, dass der (früh verstorbene) Vater auf Nathanael keinen maßgeblichen Einfluss mehr besitze, sondern dass er eher für Clara und die Mutter (im Sinne der bürgerlichen Familie und ihrer Werte) noch eine Bezugsperson darstelle, weshalb er auf seiner Außenposition zwischen den Lagern genau richtig platziert sei.

Die Aufstellung im zweiten Unterrichtsbeispiel (**Abb. 2**) war von großer Flexibilität geprägt. Die Teilnehmer standen einander zugewandt und versuchten, ihre eigene Position zu stärken, indem sie Stellvertreter aus der jeweils anderen Raumhälfte in ihre Wirklichkeitssphäre lockten. Exemplarisch kann hier der Vater als Grenzgänger zwischen den Welten genannt werden, um dessen Zuneigung Coppelius und die Mutter unerbittlich rangen. Sehr rege ging es auch in Nathanaels unmittelbarer Nähe zu, wo Coppola und Spalanzani auf amüsante Weise ihren Zank um die Urheberrechte für Olimpia fortsetzten. Coppola und Coppelius zeigten sich nach einem Hinweis Nathanaels sogar bereit, über eine Personalunion nachzudenken. Hier bewiesen die Lernenden ein ausgesprochen differenziertes Textwissen, verbunden mit der Bereitschaft, ihr bisheriges Textverständnis zu hinterfragen. Eine für Nathanaels Dilemma hilfreiche Lösung erreichte auch diese Aufstellung nicht; zumindest aber kam es zu einer gewissen Rehabilitierung des Studenten, dessen Verschwörungstheorie von allen Beteiligten durchaus ernsthaft diskutiert wurde.

Unter aktiver, sehr persönlicher Beteiligung der Lernenden führten beide Aufstellungen zum poetologischen Kern der Erzählung, indem sie in unterschiedlichen Konstellationen die Doppelbödigkeit der Hoffmann'schen Wirklichkeit thematisierten. Welcher der beiden Welten man sich denn nun zugehörig fühle, wollten die Stellvertreter immer wieder voneinander wissen – eine berechtigte Frage, die als Ausgangspunkt und Überschrift für die literaturgeschichtliche Verortung der Erzählung in den nachfolgenden Stunden diente.

Abbildung 2:

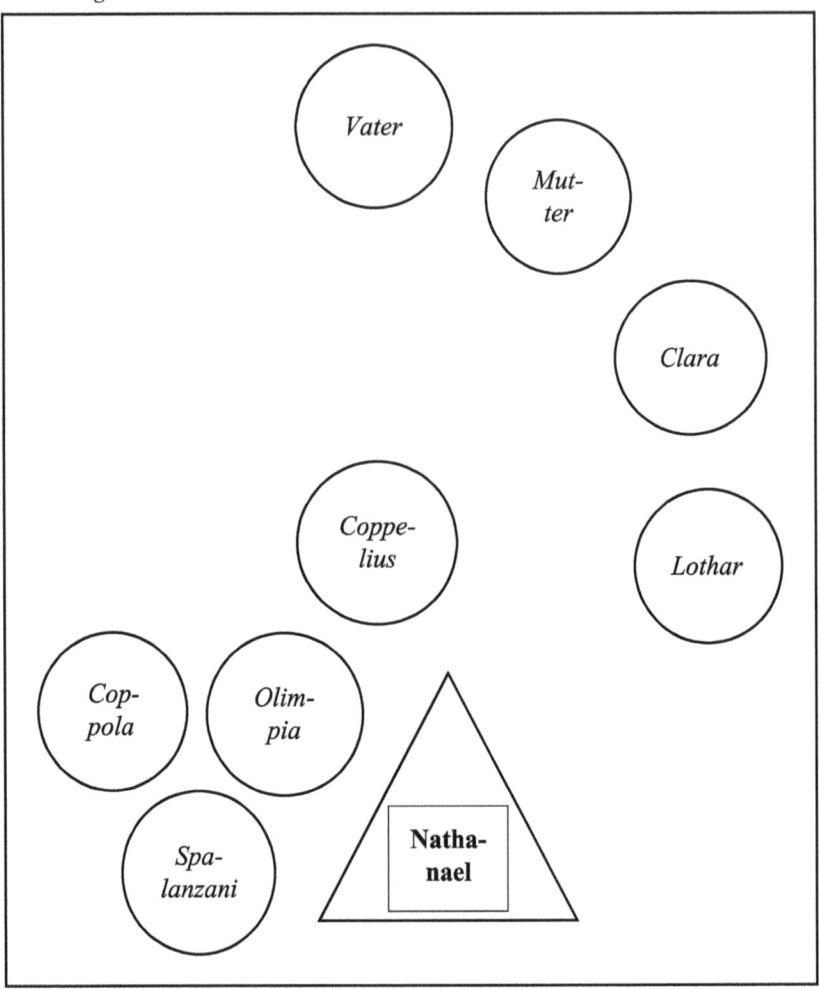

Praktische Erkenntnistheorie

Jenseits der interpretatorischen Zugänge, die eine systemische Aufstellung eröffnet, wurde spätestens in den Nachbesprechungen der dokumentierten Stunden deutlich, dass dieses Unterrichtsverfahren erst dann hinreichend ausgeschöpft ist, wenn man auch seine epistemologische Dimension berücksichtigt. So führte im ersten Unterrichtsbeispiel schon allein die Existenz der menschlichen Mauer, die vor Nathanael aufgebaut war, den erkenntnistheoretischen Aspekt dieser Aufstellung vor Augen: Nathanael sieht nur, was er sehen möchte; abweichende Wahrnehmungen verschwinden hinter der schillernden Erscheinung Olimpias. Ausgehend von dieser für alle Schülerinnen und Schüler offensichtlichen These führte die Aufstellung unmittelbar zum epistemologischen Kern der Erzählung, den die Schülerinnen und Schüler in der Nachbesprechung unter Verwendung zahlreicher erkenntnistheoretischer Begrifflichkeiten (Realität und Traum/Einbildung, objektiv und idealistisch, Erkenntnis und Selbsterkenntnis) und ohne weiteres Zutun des Lehrers ausgiebig umkreisten. Individuelle Prägungen der Text- und Figurenwahrnehmung wurden weder in der Aufstellung selbst noch während der Nachbesprechung eliminiert, sondern als persönliche Färbung der Textrezeption ausdrücklich anerkannt, solange sie den Konsens des Systems nicht verließen. Dass jede der angebotenen Figurenrepräsentationen zwangsläufig eine selbstbezügliche Wahrnehmung dieser Figur war, dass die gemeinsam abgebildete Wirklichkeit somit erst in einem Konsensverfahren *konstruiert* werden musste, war für die Lernenden in diesem Moment eine epistemologische Selbstverständlichkeit.

III. Anhang

MATERIAL 1

Projektplan
Seita Parkkola: *Wir können alles verlieren. Oder gewinnen* (2012)
Taifuns Geschichte spricht Themen an, die für jeden Jugendlichen von Bedeutung sind. Sie ruft widersprüchliche Reaktionen hervor und regt zu Diskussionen an. Mit dieser Projektarbeit sollst du Gelegenheit erhalten, deine persönliche Meinung über das Buch aufzuschreiben. Hierfür stehen dir verschiedene Themengebiete zur Verfügung.
   Jedes Themengebiet wird kurz vorgestellt. Die Fragen weisen auf zentrale Probleme hin. Du kannst den vorgegebenen Hinweisen nachgehen, aber auch ganz andere Aspekte behandeln, die dir wichtig erscheinen.

Arbeitsplan:

1. Wähle vier Themengebiete aus, die dich besonders interessieren.
2. Bearbeite die Themengebiete mithilfe der Methoden aus Material 2. Du kannst aus den angebotenen Methoden frei wählen, musst jedoch zu jedem Themengebiet jede Methodenspalte mindestens einmal berücksichtigen.
3. Dokumentiere deine *Ergebnisse* in einer *Portfolio-Mappe* (sortiert nach Themen). Erstelle ein Titelblatt, ein Inhaltsverzeichnis sowie ein Quellenverzeichnis.
4. Dokumentiere deinen *Arbeitsprozess* in einem beigefügten *Logbuch*:

- Begründe deine Themen- und Methodenwahl.
- Beschreibe dein konkretes Forschungsvorhaben zu jedem Thema (z.B. Formulierung einer Leitfrage; Zusammenfassung, Präzisierung, Weiterentwicklung der angebotenen Fragestellungen).
- Skizziere deinen Rechercheprozess und bewerte die Qualität der vorgefundenen Quellen.
- Bewerte die Qualität deiner Arbeit: Mit welchen Ergebnissen bist du zufrieden? Welche Fragen hätten vertieft werden können? Hat sich eine Methode im Rückblick als weniger geeignet erwiesen?

5. Präsentiert eure Arbeit in Vierergruppen (Vortrag und Lesephase). Gebt euch gegenseitig ein schriftliches Feedback. Dokumentiert das Feedback zu eurer Arbeit im Logbuch.

Bei Fragen zu den Themenstellungen sowie den vorgeschlagenen Methoden steht dir dein Lehrer zur Verfügung.

Themengebiete

I. Schule

Das "Haus der Möglichkeiten" ist eine besondere Schule. Wie funktioniert sie und für wen wurde sie geschaffen? Der Roman erzählt von alltäglichen, aber auch von ungewöhnlichen Schulproblemen, von Lehrern und ihren Erwartungen an einen „guten" Schüler und von Schülern, deren Begabung nicht in das Schema der Schule passt. Beschreibe das unterschiedliche Verhältnis der Jugendlichen zur Schule. Wie gehen Schüler und Lehrer miteinander um? Überlege, welche Rolle die Schule im Leben eines jungen Menschen spielen sollte, und ob das „Haus der Möglichkeiten" dieser Aufgabe gerecht wird.

II. Fabrik

Die Fabrik ist ein wichtiger Ort, der für Taifun und die anderen Ausreißer aus dem „Haus der Möglichkeiten" gleich mehrere Funktionen erfüllt. Außerdem wird die Fabrik von Taifun auch auf ganz besondere Weise beschrieben. Fasse zusammen, welche Bedeutung dieser Ort für die Hauptfiguren und den Verlauf der Geschichte hat. In welcher Beziehung steht die Fabrik zum Schulgebäude und dessen ebenfalls ganz besonderer Ausstrahlung? Kennst du ähnliche Orte wie die Fabrik? Beschreibe, worin der Reiz solcher Orte besteht. Weshalb brauchen Kinder und Jugendliche Orte wie das verlassene Fabrikgelände?

III. Freundschaft

Die Freundschaft zwischen Taifun, India, Ra, Re und May wird im Laufe der Geschichte auf einige Proben gestellt. Es gibt Konflikte, Versöhnungen, gegenseitige Hilfe und manchmal geht es auch um mehr als „nur" Freundschaft. Was heißt Freundschaft? Welche Bedeutung hat sie im Leben eines Menschen? Können Freunde sogar die Familie ersetzen? Stelle die Beziehung zwischen den Rebellen sowie ihr Verhältnis zu den Gleichaltrigen im „Haus der Möglichkeiten" dar. Erkläre, weshalb es zwischen den Jugendlichen manchmal zu Streitigkeiten kommt und wie sie gelöst werden. Überprüfe, welche Rolle die Freundschaft für den Ausgang des Romans spielt.

IV. Freiheit

Der Kampf um die Freiheit steht im Mittelpunkt des Romangeschehens. Was aber bedeutet Freiheit – für eine Gesellschaft, für dich persönlich und für die Romanfiguren? Mit welchen Mitteln darf man um Freiheit kämpfen? Gibt es auch Gründe, die Freiheit von Jugendlichen ein Stück weit einzuschränken? Beschreibe, was Taifun unter persönlicher Freiheit versteht; welche Rolle spielt hierbei das Skaten? India ist für Taifun die „Hüterin" (S. 331) von Jugendlichen, deren Freiheit und Wohlbefinden bedroht sind. Wie kann man India charakterisieren, welches Leben führt sie? Überlege, weshalb India für Taifun viel mehr ist als ein bewundernswertes Mädchen.

V. Zeichen und Bilder

Jede Gemeinschaft braucht Zeichen, Bilder und Symbole. Recherchiere aus deinem persönlichen Lebensumfeld (deiner Gemeinde, deinen Vereinen, Jugendgruppen, der Schule usw.), welche unterschiedlichen Zeichen es gibt und wofür sie stehen. Können Zeichen und Symbole auch kritisch gesehen werden? Das „Haus der Möglichkeiten" und die Rebellen verwenden jeweils eigene Zeichen und Symbole. Stelle diese gegenüber und überlege, welche Wirkung sie erzielen sollen. Wie reagieren die verfeindeten Gruppen auf die Zeichen der anderen? Taifun und India haben zum Thema „Zeichen und Symbole" ganz unterschiedliche Auffassungen. Erkläre, weshalb das so sein könnte.

VI. Erzählen

Taifun ist der Erzähler seiner eigenen Geschichte. Von Anfang an macht er klar, dass das keine einfache Aufgabe ist. Stelle zusammen, mit welchen Schwierigkeiten Taifun als Erzähler zu kämpfen hat. Wie löst er diese Probleme? Welche Bedeutung hat die Beziehung zwischen Taifun und den Lesern seines Berichts? Kennst du andere Romane oder Erzählungen, bei denen der Erzähler ähnlich vorgeht wie Taifun? Welche Wirkung wird hierdurch beim Lesen erzielt? Beurteile, ob Taifuns Geschichte durch die Art, wie er sie erzählt, glaubwürdiger oder unglaubwürdiger wird.

Methoden-Register

Informieren	Darstellen	Gestalten
Recherche:	Inhaltsangabe:	Schreibe eine Zeitungsreportage, eine Polizeimeldung, einen Bericht, einen Lexikonartikel, einen Kommentar zu einem bestimmten Thema
Benutze ein Lexikon und Wörterbücher, um dich zu informieren. Oft bieten auch Schüler- und Stadtbüchereien viele interessante Informationen zu deinem Thema. Eine gezielte Internetrecherche ermöglicht einen schnellen Zugriff auf Fakten. Auch ein Gespräch mit Freunden, Verwandten oder Experten kann informativ sein. Dokumentiere die Ergebnisse deiner Recherche.	Fasse die Kapitel, die du für die Bearbeitung eines Themenbereichs benötigst, in eigenen Worten knapp und sachlich zusammen. Gib die wesentlichen Fakten, Zusammenhänge und Figuren des Textes wieder. Deine eigene Meinung zu dem Text darf keine Rolle spielen. Die Zeitform der Inhaltsangabe ist Präsens.	Formuliere die Gedanken einer Figur in einem Inneren Monolog (Ich-Form, Präsens). Gestalte einen Dialog zwischen Figuren des Romans.
Textarbeit:	Figurenbeschreibung:	Fertige Tagebucheinträge und Briefe von Romanfiguren an.
Bei der Bearbeitung von Texten ist es hilfreich, wichtige Stellen zu markieren und am Rand Stichwörter zu notieren. Längere Texte kann man in Abschnitte gliedern und diese in Stichworten zusammenfassen. Informationen müssen sortiert werden, z.B. in einer Tabelle, einer Mind-Map oder einer Skizze.	Eine literarische Figur kann man in ihren Eigenschaften charakterisieren, indem man sie vom Äußeren über ihr Verhalten bis zu ihrem Inneren (Gedanken, Gefühle, Einstellungen, Pläne) beschreibt. Beziehungen und Konflikte zwischen Figuren können in Worten, aber auch als Pfeildiagramm mit Symbolen dargestellt werden.	Formuliere eine Rede. Erörtere ein Problem: Stelle Pro- und Contra-Argumente gegenüber (als Tabelle, Streitgespräch oder Aufsatz). Schreibe ein Kapitel weiter oder um: Wie hätte sich die Geschichte anders entwickeln können? Sammle historische Darstellungen, Illustrationen, Umschlagentwürfe, Filmplakate etc. oder gestalte sie selbst.

MATERIAL 2

Robert Walser: *Jakob von Gunten* (1909) [Auszug]

Oft gehe ich aus, auf die Straße, und da meine ich, in einem ganz wild anmutenden Märchen zu leben. Welch ein Geschiebe und Gedränge, welch ein Rasseln und Prasseln. Welch ein Geschrei, Gestampf, Gesurr und Gesumme. Und alles so eng zusammengepfercht. Dicht neben den
5   Rädern der Wagen gehen die Menschen, die Kinder, Mädchen, Männer und elegante Frauen; Greise und Krüppel, und solche, die den Kopf verbunden haben, sieht man in der Menge. Und immer neue Züge von Menschen und Fuhrwerken. Die Wagen der elektrischen Trambahn sehen wie figurenvollgepfropfte Schachteln aus. Die Omnibusse humpeln
10 wie große, ungeschlachte Käfer vorüber. Dann sind Wagen da, die wie fahrende Aussichtstürme aussehen. Menschen sitzen auf den hocherhobenen Sitzplätzen und fahren allem, was unten geht, springt und läuft, über den Kopf weg. In die vorhandenen Mengen schieben sich neue, und es geht, kommt, erscheint und verläuft sich in einem fort. Pferde
15 trampeln. Wundervolle Hüte mit Zierfedern nicken aus offenen, schnell vorbeifahrenden Herrschaftsdroschken. Ganz Europa sendet hierher seine Menschenexemplare. Vornehmes geht dicht neben Niedrigem und Schlechtem, die Leute gehen, man weiß nicht wohin, und da kommen sie wieder, und es sind ganz andere Menschen, und man weiß nicht, woher
20 sie kommen. Man meint, es ein wenig erraten zu können und freut sich über die Mühe, die man sich gibt, es zu enträtseln. Und die Sonne blitzt noch auf dem allem. Dem einen beglänzt sie die Nase, dem andern die Fußspitze. Spitzen treten an Röcken zum glitzernden und sinnverwirrenden Vorschein. Hündchen fahren in Wagen, auf dem Schoß alter,
25 vornehmer Frauen, spazieren. Brüste prallen einem entgegen, in Kleider und Fassonen eingepreßte, weibliche Brüste. Und dann sind wieder die dummen vielen Zigarren in den vielen Schlitzen von männlichen Mundteilen. Und ungeahnte Straßen denkt man sich, unsichtbare neue und ebenso sehr menschenwimmelnde Gegenden. […]

30 Was ist man eigentlich in dieser Flut, in diesem bunten, nicht enden wollenden Strom von Menschen? Manchmal sind alle diese beweglichen Gesichter rötlich angezärtelt und gemalt von untergehenden Abendsonnengluten. Und wenn es grau ist und regnet? Dann gehen alle diese Figuren, und ich selber mit, wie Traumfiguren rasch unter
35 dem trüben Flor dahin, etwas suchend, und wie es scheint, fast nie etwas Schönes und Rechtes findend. Es sucht hier alles, alles sehnt sich nach Reichtum und fabelhaften Glücksgütern. Hastig geht man. Nein, sie beherrschen sich alle, aber die Hast, das Sehnen, die Qual und die Unruhe glänzen schimmernd zu den begehrlichen Augen heraus.
40 Dann ist wieder alles ein Baden in der heißen, mittäglichen Sonne. Alles scheint zu schlafen, auch die Wagen, die Pferde, die Räder, die Geräusche. Und die Menschen blicken so verständnislos. Die hohen, scheinbar umstürzenden Häuser scheinen zu träumen. Mädchen eilen dahin, Pakete werden getragen. Man möchte sich jemandem an den Hals werfen.

Robert Walser: Jakob von Gunten. Ein Tagebuch. Sämtliche Werke in Einzelausgaben. Elfter Band. Frankfurt am Main 1985: Suhrkamp, S. 37-39

Arbeitsanweisungen:

- Gib in eigenen Worten wieder, wie der Ich-Erzähler seinen Spaziergang in der Großstadt Berlin empfindet.
- Erläutere, mit welchen sprachlichen Mitteln (Satzbau, Wortwahl, Stilmittel) die Großstadterfahrung dargestellt wird.
- Beurteile, welchen Einfluss die persönliche Perspektive und die Stimmung des Spaziergängers auf seine Stadtwahrnehmung haben. Begründe deine Meinung mit konkreten Textstellen.

MATERIAL 3

Robert Walser: *Schneien* (1917) [Auszug]

Vor der Lektüre:
Stelle dir einen Schneespaziergang vor. Schreibe in Stichworten auf, welche Eindrücke man bei einem solchen Spaziergang sammeln kann. Erinnerst du dich an besondere Stimmungen bei früheren Schneespaziergängen?

Es schneit, schneit, was vom Himmel herunter mag, und es mag Erkleckliches herunter. Das hört nicht auf, hat nicht Anfang und nicht Ende. Einen Himmel gibt es nicht mehr, alles ist ein graues weißes Schneien. Eine Luft gibt es auch nicht mehr, sie ist voll Schnee. Eine
5 Erde gibt es auch nicht mehr, sie ist voll gedeckt. Dächer, Straßen, Bäume sind eingeschneit. Auf alles schneit es herab, und das ist begreiflich, denn wenn es schneit, schneit es begreiflicherweise auf alles herab, ohne Ausnahme. Alles muss den Schnee tragen, feste Gegenstände wie Gegenstände, die sich bewegen, z.B. Wagen, Mobilien wie Immobilien,
10 Liegenschaften wie Transportables, Blöcke, Pflöcke und Pfähle wie gehende Menschen. Kein Fleckchen existiert, das vom Schnee unberührt bleibt, außer was in Häusern, in Tunneln oder in Höhlen liegt. Ganze Wälder, Felder, Berge, Städte, Dörfer, Ländereien werden eingeschneit. [...] Hunde, Katzen, Tauben, Spatzen, Kühe und Pferde sind mit Schnee
15 bedeckt, ebenso Hüte, Mäntel, Röcke, Hosen, Schuhe und Nasen. Auf das Haar von hübschen Frauen schneit es ungeniert herab, ebenso auf Gesichter, Hände und auf die Augenwimpern von zur Schule gehenden zarten kleinen Kindern. Alles, was steht, geht, kriecht, läuft und springt, wird sauber eingeschneit. [...] Fleißig und emsig fährt es fort
20 mit Schneien, will, scheint es, gar nicht wieder aufhören. Alle Farben, rot, grün, braun und blau, sind vom Weiß eingedeckt. Wohin man schaut, ist alles schneeweiß; wohin du blickst, ist alles schneeweiß. Und still ist es, warm ist es, weich ist es, sauber ist es. Sich im Schnee schmutzig zu machen, dürfte sicher ziemlich schwer, wenn nicht über-
25 haupt unmöglich sein. Alle Tannenäste sind voll Schnee, beugen sich unter der dicken weißen Last tief zur Erde herab, versperren den Weg. Den Weg? Als wenn es noch einen Weg gäbe! Man geht so, und indem man geht, hofft man, dass man auf dem rechten Weg sei.

Und still ist es. Das Schneien hat alles Geräusch, allen Lärm, alle Töne und Schälle eingeschneit. Man hört nur die Stille, die Lautlosigkeit, und die tönt wahrhaftig nicht laut. Und warm ist es in all dem dichten weichen Schnee, so warm wie in einem heimeligen Wohnzimmer, wo friedfertige Menschen zu irgendeinem feinen lieben Vergnügen versammelt sind. Und rund ist es, alles ist rundherum wie abgerundet, abgeglättet. Schärfen, Ecken und Spitzen sind zugeschneit.

Was kantig und spitzig war, besitzt jetzt ein weiße Kappe und ist somit abgerundet. Alles Harte, Grobe, Holperige ist mit Gefälligkeit, freundlicher Verbindlichkeit, mit Schnee, zugedeckt. Wo du gehst, trittst du nur auf Weiches, Weißes, und was du anrührst, ist sanft, nass und weich. Verschleiert, ausgeglichen, abgeschwächt ist alles. Wo ein Vielerlei und Mancherlei war, ist nur noch eines, nämlich Schnee; und wo Gegensätze waren, ist ein Einziges und Einiges, nämlich Schnee. Wie süß, wie friedlich sind alle mannigfaltigen Erscheinungen, Gestalten miteinander zu einem einzigen Gesicht, zu einem einzigen sinnenden Ganzen verbunden. Ein einziges Gebilde herrscht. Was stark hervortrat, ist gedämpft, und was sich aus der Gemeinsamkeit emporhob, dient im schönsten Sinne dem schönen, guten erhabenen Gesamten. Aber ich habe noch nicht alles gesagt. Warte noch ein wenig. Gleich, gleich bin ich fertig. Es fällt mir nämlich ein,...

Robert Walser: Schneien. Sämtliche Werke in Einzelausgaben. Fünfter Band. Frankfurt am Main 1985: Suhrkamp, S. 159-161.

Arbeitsanweisungen:

- Schreibe zu dieser Geschichte einen passenden Schluss. Du kannst deine eigenen Erinnerungen an Schneespaziergänge verarbeiten, solltest aber auch auf Hinweise im Text achten, die auf ein mögliches Ende hindeuten.
- Vergleicht eure Ergebnisse. Worauf habt ihr beim Verfassen des Schlussteils geachtet? Welchen „Weg" hat eure Geschichte genommen?
- Lest gemeinsam das vom Autor vorgesehene Ende der Erzählung. Passt dieser Schluss zur Stimmung der Geschichte?

Robert Walser: *Schneien* (1917) [Schluss]

[...] Es fällt mir nämlich ein, dass ein Held, der sich tapfer gegen eine Übermacht wehrte, nichts von Gefangengabe wissen wollte, seine
50 Pflicht als Krieger bis zu allerletzt erfüllte, im Schnee könnte gefallen sein. Von fleißigem Schneien wurde das Gesicht, die Hand, der arme Leib mit der blutigen Wunde, die edle Standhaftigkeit, der männliche Entschluss, die brave tapfere Seele zugedeckt. Irgendwer kann über das Grab hinwegtreten, ohne dass er etwas merkt, aber ihm, der
55 unterm Schnee liegt, ist es wohl, er hat Ruhe, er hat Frieden, und er ist daheim. – Seine Frau steht zu Hause am Fenster und sieht das Schneien und denkt dabei: „Wo mag er sein, und wie mag es ihm gehen? Sicher geht es ihm gut." Plötzlich sieht sie ihn, sie hat eine Erscheinung. Sie geht vom Fenster weg, sitzt nieder und weint.

Robert Walser: Schneien. Sämtliche Werke in Einzelausgaben. Fünfter Band. Frankfurt am Main 1985: Suhrkamp, S. 161 f.

MATERIAL 4

Robert Walser: *Der Spaziergang* (1917) [Auszüge]

Indem ich wie ein besserer Strolch, feinerer Vagabund und Tagedieb oder Zeitverschwender und Landstreicher so des Weges ging, neben allerlei mit zufriedenem behaglichem Gemüse vollgepflanzten und vollgestopften Gärten vorbei, neben Blumen und Blumenduft
5 vorbei, neben Obstbäumen und neben Bohnenstangen und Stauden voll Bohnen vorbei, neben hochaufragendem Getreide, wie Roggen, Hafer und Weizen vorbei, neben einem Holzplatz mit vielen Hölzern und Holzspänen vorbei, neben saftigem Gras und neben einem artig plätschernden Wässerchen, Fluss oder Bach vorbei, neben allerhand
10 Leuten [...] hübsch vorbei, neben einem mit Lust- und Freudenfahnen geschmückten Vereinshaus ebenso gut wie an manchen anderen gutmütigen und nützlichen Dingen vorbei, neben einem besonders schönen und lieben Feen-Apfelbäumchen vorbei und weiß der liebe Gott an was sonst noch allem möglichen vorbei, wie zum Beispiel
15 auch an Erdbeerbüschen und Blüten, oder besser bereits an den reifen roten Erdbeeren manierlich vorbei, währenddessen mich immer allerlei mehr oder weniger schöne und angenehme Gedanken stark beschäftigen, weil beim Spazieren viele Einfälle, Lichtblitze und Blitzlichter sich ganz von selber einmengen und einfinden, um sorgfältig
20 verarbeitet zu werden, kam ein Mensch, ein Ungeheuer, ein Ungetüm mir entgegen, der mir die helle lichte Straße fast völlig verdunkelte, ein lang- und hochaufgeschossener unheimlicher Kerl, den ich leider nur allzu gut kannte, ein höchst sonderbarer Geselle, nämlich der Riese Tomzack. [...]
25 Halten Sie es für ganz und gar unmöglich, dass ich auf einem weichen geduldigen Spaziergang Riesen antreffe [...]? Das alles kann vorkommen, und ich glaube, dass es in der Tat vorgekommen ist. [...]
Die höchsten und niedrigsten, die ernstesten und lustigsten Dinge sind [dem Spaziergänger] gleicherweise lieb und schön und wert. Keinerlei
30 empfindsamliche Eigenliebe und Leichtverletzlichkeit darf er mit sich tragen. [...]

Uneigennützig und unegoistisch muss er seinen sorgsamen Blick überallhin schweifen und herumstreifen lassen; ganz nur im Anschauen und Merken der Dinge muss er stets fähig sein aufzugehen, und sich
35 selber, seine eigenen Klagen, Bedürfnisse, Mängel, Entbehrungen hat er, gleich dem wackeren, dienstbereiten und aufopferungsfreudigen erprobten Feldsoldaten, hintanzustellen, geringzuachten und zu vergessen. Im andern Fall spaziert er nur mit halber Aufmerksamkeit und mit halbem Geist, und das ist nichts wert. Seine mannigfaltigen
40 Studien bereichern und belustigen, besänftigen und veredeln ihn und streifen mitunter, so unwahrscheinlich das auch klingen mag, hart an exakte Wissenschaft, die dem scheinbar leichtfertigen Bummler niemand zutraut. [...]

Den Spaziergänger begleitet stets etwas Merkwürdiges, Gedankenvolles
45 und Phantastisches, und er wäre dumm, wenn er dieses Geistige nicht beachten oder gar von sich fortstoßen würde; aber das tut er nicht; er heißt vielmehr alle sonderbaren, eigentümlichen Erscheinungen willkommen, befreundet und verbrüdert sich mit ihnen, weil sie ihn entzücken, macht sie zu gestaltenhaften, wesenvollen Körpern, gibt ihnen Bildung und Seele, wie sie ihrerseits ihn beseelen und bilden.

Robert Walser: Der Spaziergang. Sämtliche Werke in Einzelausgaben. Fünfter Band. Frankfurt am Main 1985: Suhrkamp, S. 27 f., 51-54.

Arbeitsanweisungen:

- Vergleiche die Landschaftsschilderung in Robert Walsers *Spaziergang* mit der Darstellung der Großstadt in *Jakob von Gunten*: Worin unterscheiden sich die Beobachtungen der Spaziergänger, wo erkennst du Ähnlichkeiten?
- Fasse zusammen, welche Anforderungen der Ich-Erzähler in Material 4 an einen Spaziergänger stellt. Beurteile, ob er selbst diesen Anforderungen gerecht wird.
- Kannst du die Wahrnehmungen des Spaziergängers aus eigener Erfahrung nachvollziehen? Was geschieht mit ihm während des Spaziergangs?
- Erläutere auf der Basis deiner Untersuchungsergebnisse zu den Spaziergangstexten von Robert Walser, wie menschliche Wahrnehmung nach Ansicht des Autors „funktioniert".

MATERIAL 5

Lernaufgaben zu Peter Stamm: *Agnes* (1998)

Arbeitsanweisung:

Untersuchen Sie die Kommunikationsstruktur des Romans *Agnes*. Beurteilen Sie, inwiefern Peter Stamms Thesen zur Kommunikation auf die beiden Protagonisten zutreffen (vgl. Material 6).

Lernaspekte:

1. Analysieren Sie in jedem Kapitel die Dialoge zwischen Agnes und dem Ich-Erzähler.
   - Wie entwickelt sich die Beziehung zwischen den Figuren?
   - Welche Ziele verfolgen die beiden in ihren Gesprächen?
   - Mit welchen sprachlichen Mitteln verfolgen sie diese Ziele?
   - Welche Kommunikationsversuche gelingen und welche Dialoge scheitern? Stellen Sie die Gründe hierfür dar.

2. Leitmotive und Symbole
   - Benennen Sie Leitmotive und Symbole, die im Roman immer wieder auftauchen. Begründen Sie, inwiefern diese Stilmittel die Beziehung und die Kommunikation zwischen dem Ich-Erzähler und Agnes bildlich darstellen.

3. Das ‚Buch Agnes'
   - Beschreiben Sie die Funktion des ‚Buches Agnes' für das Liebespaar. Untersuchen Sie, in welchem Zusammenhang die Entwicklung des gemeinsamen Buches mit dem gemeinsamen Leben des Paares steht. Erfüllt das ‚Buch Agnes' seinen Zweck?

MATERIAL 6

Ein dauerndes Versuchen
Peter Stamm über Kommunikation

> *Das sind Worte, nichts als Worte. Aber was wollen Sie, mein Herr, wir haben nichts anderes.*
> (Samuel Beckett)

Kommunikation scheitert immer, aber wir haben keine andere Möglichkeit, als immer wieder neu zu versuchen, miteinander in Verbindung zu treten, einander näher zu kommen. Das ist in der Liebe nicht anders. Es ist ein dauerndes Versuchen. Dass wir schei-
5 tern, darf uns nicht dazu verführen, aufzugeben. Es gibt ja durchaus Erfolge im Kleinen, Momente des Verstehens. Diese Momente gibt es auch in meinen Büchern, Momente, in denen sich Menschen nah sind, in denen sie sich gegenseitig verstehen. Vielleicht sind das nur kurze Momente, aber das ist doch nicht wenig. Wenn man so will, geht das
10 Leben immer schlecht aus, weil es immer mit dem Tod endet. Damit müssen wir uns abfinden. Vielleicht können wir nicht mehr erwarten als einige ‚Augenblicke des Glücks' […]

Aus: Olga Olivia Kasaty: Ein Gespräch mit Peter Stamm (2004); zit. nach Büchel 2012: 28.

MATERIAL 7

Dialoganalyse zu Peter Stamm: *Agnes* (1998) [Auszug]

„Eigentlich ist Weihnachten ein schrecklich deprimierendes Fest", sagte ich.
„Ein Fest für Kinder."
„Komm", sagte ich, „wir gehen aufs Dach."
5 Oben auf dem Dach war es eiskalt. Der böige Wind nahm uns fast den Atem, und wir drückten uns an den kleinen Aufbau mit den Fahrstuhlmotoren. Diesmal sahen wir die Sterne, sehr viele Sterne, man hatte den Eindruck, der ganze Himmel bestehe nur aus Sternen. Ich erkannte die Milchstraße, und Agnes zeigte mir den Schwan und den Adler.
10 „Ich habe nicht gewusst, dass du dich mit Sternen auskennst", sagte ich.
„Was weißt du überhaupt von mir?", sagte Agnes, aber es klang nicht bitter.
Sie lehnte sich an mich, und ich küsste sie aufs Haar. Wir standen lange so auf dem Dach, ohne zu sprechen, schauten in den Himmel. Dann
15 hörten wir aus der Tiefe eine Sirene und gingen trotz des Windes an die Brüstung und schauten hinunter in die Straßen. Wir sahen einen Krankenwagen und kurz darauf ein Polizeiauto, das in dieselbe Richtung fuhr.
„Irgendwo ist etwas passiert", sagte Agnes.
„Manchmal versuche ich, mir vorzustellen, wie es wäre, wenn ich ein
20 anderer Mensch wäre, zum Beispiel der Ambulanzfahrer", sagte ich.
„Was ich dann sehen würde."
„Wenn am Heiligabend so etwas geschieht, denkt man immer, es sei besonders schlimm. Als ob das eine Rolle spielt."
„Wir denken, wir leben in einer einzigen Welt. Dabei bewegt sich jeder
25 in seinem eigenen Stollensystem, sieht nicht rechts und links und baut nur sein Leben ab und versperrt sich mit dem Schutt den Rückweg."
„Komm, wir gehen hinunter. Mir ist kalt."
Als wir wieder in die Wohnung kamen, waren wir völlig durchfroren. Ich nahm ein Bad. Agnes kam ins Badezimmer. Sie zog sich aus und stieg zu
30 mir in die Wanne. Sie setzte sich mit dem Rücken gegen mich, und ich umarmte sie. Dann wusch ich ihr den Rücken, und später wechselten wir die Plätze, und sie wusch meinen Rücken. Wir badeten lange und ließen immer wieder heißes Wasser nachlaufen. Dann trockneten wir uns

gegenseitig ab, und ich frottierte und kämmte Agnes' Haar. Im Schlafzimmer machte Agnes das Licht aus, und wir schliefen miteinander.
„Das war ein Geschenk", sagte sie, als wir später nebeneinander auf dem Bett lagen.
„Wie meinst du das?"
„Es ist Weihnachten."
„Ich will nicht, dass du mit mir schläfst, wenn du nicht magst."
„Aber es war ein Geschenk."
„Vielen Dank", sagte ich und wandte mich ab.
Agnes schwieg.
„Siehst du Louise noch?" fragte sie später.
„In der Bibliothek. Ich kann nichts dagegen tun."
„Möchtest du etwas dagegen tun?"
„Es ist nichts mehr zwischen uns."
„Und was war zwischen euch?"
„Nichts", sagte ich. „Ich habe ihr gesagt, du seist zurückgekommen."
„*Du* bist zurückgekommen."
„Sie weiß viel über Pullman, und ich komme durch sie mit interessanten Leuten in Kontakt."
„Das ist doch toll."
„Ja."
„Hast du mit ihr geschlafen?" fragte Agnes.
„Ist das wichtig?"
„Ja."
„Und du mit Herbert?"
„Nein."
„Warum wolltest du zu ihm gehen mit dem Kind?"
„Weil er für mich da ist. Und weil er mich liebt."
„Und warum bist du zu mir zurückgekommen?"
„Wenn du das nicht weißt...", sagte Agnes. „Weil ich dich liebe, nur dich. Auch wenn du es nicht glauben willst."

Peter Stamm: Agnes. Frankfurt am Main ⁸2012: Suhrkamp, S. 126-129.

Arbeitsanweisungen:

- Untersuchen Sie das Gesprächsverhalten der Figuren. Berücksichtigen Sie hierbei auch die vier Seiten einer Nachricht (nach Schulz von Thun): Sachinhalt, Selbstoffenbarung, Beziehung, Appell.
- Erläutern Sie das Symbol des „Stollensystems" (Z. 24 ff.). Inwiefern trifft dieser Begriff auf Agnes und den Ich-Erzähler zu?

MATERIAL 8

E. T. A. Hoffmann: *Der Sandmann* (1815) [Auszug]

Wohl fiel es ihm endlich auf, dass Olimpia oft stundenlang in derselben Stellung, wie er sie einst durch ihre Glastüre entdeckte, ohne irgend eine Beschäftigung an einem kleinen Tisch saß und dass sie offenbar unverwandten Blickes nach ihm herüberschaute; er musste
5 sich auch selbst gestehen, dass er nie einen schöneren Wuchs gesehen; indessen, Clara im Herzen, blieb ihm die steife, starre Olimpia höchst gleichgültig und nur zuweilen sah er flüchtig über sein Kompendium herüber nach der schönen Bildsäule, das war alles. – Eben schrieb er an Clara, als es leise an der Tür klopfte; sie öffnete sich auf seinen Zuruf
10 und Coppolas widerwärtiges Gesicht sah hinein. Nathanael fühlte sich im Innersten erbeben; eingedenk dessen, was ihm Spalanzani über den Landsmann Coppola gesagt und was er auch rücksichts des Sandmanns Coppelius der Geliebten so heilig versprochen, schämte er sich aber selbst seiner kindischen Gespensterfurcht, nahm sich mit aller
15 Gewalt zusammen und sprach so sanft und gelassen, als möglich: „Ich kaufe kein Wetterglas, mein lieber Freund! gehen sie nur!" Da trat aber Coppola vollends in die Stube und sprach mit heiserem Ton, indem sich das weite Maul zum hässlichen Lachen verzog und die kleinen Augen unter den grauen langen Wimpern stechen hervorfunkelten:
20 „Ei, nix Wetterglas, nix Wetterglas! – hab' auch sköne Oke – sköne Oke!" – Entsetzt rief Nathanael: „Toller Mensch, wie kannst du Augen haben? – Augen – Augen? –"Aber in dem Augenblick hatte Coppola seine Wettergläser bei Seite gesetzt, griff in die weiten Rocktaschen und holte Lorgnetten und Brillen heraus, die er auf den Tisch legte.
25 – „Nu – Nu – Brill' – Brill' auf der Nas' su setze, das sein meine Oke – sköne Oke!" – Und damit holte er immer mehr und mehr Brillen heraus, so, dass es auf dem ganzen Tisch seltsam zu flimmern und zu funkeln begann. Tausend Augen blickten und zuckten krampfhaft und starrten auf zum Nathanael; aber er konnte nicht wegschauen von dem
30 Tisch, und immer mehr Brillen legte Coppola hin, und immer wilder und wilder sprangen flammende Blicke durcheinander und schossen ihre blutroten Strahlen in Nathanaels Brust. Übermannt von tollem

Entsetzen schrie er auf: „Halt ein! halt ein, fürchterlicher Mensch!" – Er hatte Coppola, der eben in die Tasche griff, um noch mehr Brillen
35 herauszubringen, unerachtet schon der ganze Tisch überdeckt, war, beim Arm festgepackt, Coppola machte sich mit heiserem widrigen Lachen sanft los und mit den Worten: „Ah! – nix für Sie – aber hier sköne Glas" – hatte er alle Brillen zusammengerafft, eingesteckt und aus der Seitentasche des Rocks eine Menge großer und kleiner Per-
40 spektive hervorgeholt. So wie die Brillen fort waren, wurde Nathanael ganz ruhig und an Clara denkend sah er wohl ein, dass der entsetzliche Spuk nur aus seinem Innern hervorgegangen, so wie dass Coppola ein höchst ehrlicher Mechanicus und Opticus, keineswegs aber Coppelii verfluchter Doppeltgänger und Revenant sein könne. Zudem hatten
45 alle Gläser, die Coppola nun auf den Tisch gelegt, gar nichts Besonderes, am wenigsten so etwas Gespenstisches wie die Brillen und, um alles wieder gut zu machen, beschloss Nathanael dem Coppola jetzt wirklich etwas abzukaufen. Er ergriff ein kleines sehr sauber gearbeitetes Taschenperspektiv und sah, um es zu prüfen, durch das Fenster.
50 Noch im Leben war im kein Glas vorgekommen, das die Gegenstände so rein, scharf und deutlich vor die Augen rückte. Unwillkürlich sah er hinein in Spalanzanis Zimmer; Olimpia saß, wie gewöhnlich, vor dem kleinen Tisch, die Arme daraufgelegt, die Hände gefaltet. – Nun erschaute Nathanael erst Olimpias wunderschön geformtes Gesicht. Nur
55 die Augen erschienen ihm gar seltsam starr und tot. Doch wie er immer schärfer und schärfer durch das Glas hinschaute, war es, als gingen in Olimpias Augen feuchte Mondesstrahlen auf. Es schien, als wenn nun erst die Sehkraft entzündet würde; immer lebendiger und lebendiger flammten die Blicke. Nathanael lag wie festgezaubert im Fenster, immer fort und fort die himmlisch-schöne Olimpia betrachtend.

E.T.A. Hoffmann: Der Sandmann. Stuttgart 1994: Reclam, S. 26 f.

Arbeitsanweisungen:

- Das Augenmotiv spielt im *Sandmann* eine zentrale Rolle. Stellen Sie in einer Mind-Map dar, welches Bedeutungsspektrum Sie persönlich mit dem Augenmotiv assoziieren.

- Überprüfen Sie, welche dieser Bedeutungen das Auge in der obigen Textstelle annimmt.
- Untersuchen Sie, wie sich Nathanaels Blick durch die Verwendung eines technischen Hilfsmittels verändert. Wie würden Sie, ausgehend von dieser Textstelle, Nathanaels Wirklichkeitswahrnehmung beschreiben?

MATERIAL 9

Immanuel Kant: *Kritik der reinen Vernunft* (2. Aufl., 1787) [Auszug]

Wir haben also sagen wollen: dass all unsre Anschauung nichts als die Vorstellung von Erscheinung sei; dass die Dinge, die wir anschauen, nicht das an sich selbst sind, wofür wir sie anschauen, noch ihre Verhältnisse so an sich selbst beschaffen sind, als sie uns erscheinen, und
5 dass, wenn wir unser Subjekt oder auch nur die subjektive Beschaffenheit der Sinne überhaupt aufheben, alle die Beschaffenheit, alle Verhältnisse der Objekte in Raum und Zeit, ja selbst Raum und Zeit verschwinden würden, und als Erscheinungen nicht an sich selbst, sondern nur in uns existieren können. Was es für eine Bewandtnis mit den
10 Gegenständen an sich und abgesondert von aller dieser Rezeptivität unserer Sinnlichkeit haben möge, bleibt uns gänzlich unbekannt. Wir kennen nichts als unsere Art, sie wahrzunehmen […] Wenn wir diese unsre Anschauung auch zum höchsten Grade der Deutlichkeit bringen könnten, so würden wir dadurch der Beschaffenheit der Gegenstände
15 an sich selbst nicht näher kommen. Denn wir würden auf allen Fall doch nur unsere Art der Anschauung, d. i. unsere Sinnlichkeit vollständig erkennen, und diese immer nur unter den dem Subjekt ursprünglich anhängenden Bedingungen, von Raum und Zeit; was die Gegenstände an sich selbst sein mögen, würde uns durch die aufgeklärteste Erkennt-
20 nis der Erscheinung derselben, die uns allein gegeben ist, doch niemals bekannt werden.

Immanuel Kant: Kritik der reinen Vernunft. Werke in zehn Bänden. Hrsg. v. Wilhelm Weischedel. Dritter Band. Darmstadt ⁵1983: Wissenschaftliche Buchgesellschaft, S. 65 f.

IV. Literaturverzeichnis

1 Primärliteratur

Bánk, Zsuzsa: Die hellen Tage. Roman. Frankfurt am Main 2011: S. Fischer.

Barnes, Julian: Flauberts Papagei. Roman. München ²2004: Random House.

Hoffmann, E. T. A.: Der Sandmann. Stuttgart 1994 [1815]: Reclam.

Kant, Immanuel: Kritik der reinen Vernunft. Werke in zehn Bänden. Hrsg. v. Wilhelm Weischedel. Dritter Band. Darmstadt ⁵1983 [2. Aufl., 1787]: Wissenschaftliche Buchgesellschaft.

Keller, Gottfried: Die Leute von Seldwyla. Erzählungen. Zürich 1982 [1856]: Manesse.

Lenz, Siegfried: Schweigeminute. Novelle. Hamburg 2008: Hoffman und Campe.

Musil, Robert: Der Mann ohne Eigenschaften. Roman. Hrsg. v. Adolf Frisé. Zwei Bände. Reinbek 1978 [1930-43]: Rowohlt.

Parkkola, Seita: Wir können alles verlieren. Oder gewinnen. Aus dem Finnischen von Elina Kritzokat. Weinheim/Basel 2012: Beltz & Gelberg.

Stamm, Peter: Agnes. Roman. Frankfurt am Main ⁸2012: S. Fischer.

Storm, Theodor: Der Schimmelreiter. Novelle. Stuttgart 2004 [1888]: Reclam.

Walser, Robert: Sämtliche Werke in Einzelausgaben. Zwanzig Bände. Hrsg. v. Jochen Greven. Zürich und Frankfurt am Main 1985 [1905-33]: Suhrkamp.

2 Sekundärliteratur

Abraham, Ulf: Lese- und Schreibstrategien im themazentrierten Deutschunterricht. Zu einer Didaktik des selbstgesteuerten und zielbewussten Umgangs mit Texten. In: Ulf Abraham/Albert Bremerich-Vos/Volker Frederking/Petra Wieler (Hrsg.): Deutschdidaktik und Deutschunterricht nach PISA. Freiburg im Breisgau 2003: Fillibach, S. 204-219.

Abraham, Ulf/Becker, Sabina: Realismus. In: *Praxis Deutsch* 37 (2010), Heft 220, S. 4-13.

Ackermann, Stefan: Organisches Denken. Humberto Maturana und Franz von Baader. Würzburg 1998: Ergon.

Arnold, Rolf: Die emotionale Konstruktion der Wirklichkeit. Baltmannsweiler 2005: Schneider Verlag Hohengehren.

Arnold, Rolf: Ich lerne, also bin ich. Eine systemisch-konstruktivistische Didaktik. Heidelberg 2007: Carl-Auer-Systeme.

Aust, Hugo: Novelle. Stuttgart/Weimar ³1999: Metzler.

Baßler, Moritz: Die Entdeckung der Textur. Unverständlichkeit in der Kurzprosa der emphatischen Moderne 1910-1916. Tübingen 1994: Niemeyer.

Baum, Michael: Die verdrängte Paradoxie oder Warum die Literaturdidaktik die Dekonstruktion vergaß. In: Michael Baum/Marion Bönnighausen (Hrsg.): Kulturtheoretische Kontexte für die Literaturdidaktik. Baltmannsweiler 2010: Schneider Verlag Hohengehren, S. 107-123.

Baurmann, Jürgen/Kammler, Clemens: Interpretationsaufgaben stellen – Interpretationen bewerten. In: Praxis Deutsch 39 (2012), Heft 234, S. 4-12.

Belgrad, Jürgen/Fingerhut, Karl-Heinz: Textnahes Lesen. Baltmannsweiler 1998: Schneider Verlag Hohengehren.

Bönsch, Manfred: Intelligente Unterrichtsstrukturen. Eine Einführung in die Differenzierung. Baltmannsweiler ²2008: Schneider Verlag Hohengehren.

Bräu, Karin: Die Betreuung der Schüler im individualisierenden Unterricht der Sekundarstufe. Strategien und Handlungsmuster der Lehrenden. In: Kerstin Rabenstein/Sabine Reh (Hrsg.): Kooperatives und selbstständiges Arbeiten von Schülern. Zur Qualitätsentwicklung von Unterricht. Wiesbaden 2007: Verlag für Sozialwissenschaften, S. 173-195.

Brand, Tilman von: Deutsch unterrichten. Einführung in die Planung, Durchführung und Auswertung in den Sekundarstufen. Seelze-Velber 2010: Friedrich/Kallmeyer/Klett.

Braun, Michael: Peter Stamm. Agnes. Schroedel Interpretationen, Band 24. Braunschweig 2012: Schroedel.

Büchel, Urban: Peter Stamm. Agnes. Informationen für Lehrerinnen und Lehrer. Hrsg. von Peter Bekes und Volker Frederking. Braunschweig 2012: Schroedel.

Demetz, Peter: Zur Definition des Realismus. In: *Literatur und Kritik*, Heft 16/17 (1967), S. 333-345.

Engel, Manfred: Außenwelt und Innenwelt. Subjektivitätsentwurf und moderne Romanpoetik in Robert Walsers „Jakob von Gunten" und Franz Kafkas „Der Verschollene". In: Jahrbuch der deutschen Schillergesellschaft 60 (1986), S. 533-570.

Engels, Eve-Marie: Erkenntnis als Anpassung? Eine Studie zur Evolutionären Erkenntnistheorie. Frankfurt am Main 1989: Suhrkamp.

Evans, Tamara S.: Robert Walsers Moderne. Bern und Stuttgart 1989: Francke.

Flasch, Kurt: Das wahre Leben verschieben wir auf später. Die anderen sind nicht die Hölle, sie sind fremde Gärten. Peter Stamms neue Erzählungen aus der wirklichen Welt. In: Frankfurter Allgemeine Zeitung vom 11.10.2003

Florey, Ernst: Gehirn und Zeit. In: Siegfried J. Schmidt (Hrsg.) Gedächtnis. Probleme und Perspektiven der interdisziplinären Gedächtnisforschung. Frankfurt am Main 1991: Suhrkamp, S. 170-189.

Foerster, Heinz von: Das Konstruieren einer Wirklichkeit. In: Paul Watzlawick (Hrsg.): Die erfundene Wirklichkeit. München 1981: Piper, S. 39-60.

Freund, Winfried: Novelle. Stuttgart 2006: Reclam.

Gläser-Zikuda, Michaela/Lindacher, Tanja: Portfolioarbeit im Unterricht – praktische Umsetzung und empirische Überprüfung. In: Michaela Gläser-Zikuda/Tina Hascher (Hrsg.): Lernprozesse dokumentieren, reflektieren und beurteilen. Lerntagebuch und Portfolio in Bildungsforschung und Bildungspraxis. Bad Heilbrunn 2007: Julius Klinkhardt, S. 189-204.

Glasersfeld, Ernst von: Wissen, Sprache und Wirklichkeit. Arbeiten zum radikalen Konstruktivismus. Braunschweig 1987: Vieweg.

Glasersfeld, Ernst von: Abschied von der Objektivität. In: Paul Watzlawick/Peter Krieg (Hrsg.): Das Auge des Betrachters. Beiträge zum Konstruktivismus. Festschrift für Heinz von Foerster. München 1991: Piper, S. 17-30.

Glöckner, Angelika: Energetische Felder beim Familienstellen. In: Gunthard Weber (Hrsg.): Praxis des Familien-Stellens. Beiträge zu systemischen Lösungen nach Bert Hellinger. Heidelberg ³2000: Carl-Auer-Systeme, S. 116-127.

Grenz, Dagmar: Die Romane Robert Walsers. Weltbezug und Wirklichkeitsdarstellung. München 1974: Fink.

Greven, Jochen: Robert Walser. Figur am Rande, in wechselndem Licht. Frankfurt am Main 1992: Suhrkamp.

Greven, Jochen: „...den Blick anzublicken, ins Anschauen zu schauen." Beobachtung und Selbstreferenz bei Robert Walser. In: *Runa. Revista portuguesa de estudos germanísticos* 21 (1994), Heft 1, S. 7-29.

Gumin, Heinz/Meier, Heinrich (Hrsg.): Einführung in den Konstruktivismus. München ¹²2010: Piper.

Haan, Gerhard de/Tobias Rülcker: Der Konstruktivismus als Grundlage für die Pädagogik. Frankfurt am Main 2009: Peter Lang.

Haas, Gerhard/Menzel, Wolfgang/Spinner, Kaspar H.: Handlungs- und produktionsorientierter Literaturunterricht. In: *Praxis Deutsch* 21 (1994), Heft 123, S. 17-25.

Haas, Gerhard: Handlungs- und produktionsorientierter Literaturunterricht. Theorie und Praxis eines „anderen" Literaturunterrichts für die Primar- und Sekundarstufe. Seelze ⁹2011: Klett/Kallmeyer.

Häcker, Thomas: Portfolio – ein Medium im Spannungsfeld zwischen Optimierung und Humanisierung des Lernens. In: Michaela Gläser-Zikuda/Tina Hascher (Hrsg.): Lernprozesse dokumentieren, reflektieren und beurteilen. Lerntagebuch und Portfolio in Bildungsforschung und Bildungspraxis. Bad Heilbrunn 2007: Julius Klinkhardt, S. 63-85.

Härle, Gerhard/Steinbrenner, Marcus (Hrsg.): Kein endgültiges Wort. Die Wiederentdeckung des Gesprächs im Literaturunterricht. Baltmannsweiler 2004: Schneider Verlag Hohengehren.

Härle, Gerhard: Literarische Gespräche im Unterricht. Versuch einer Positionsbestimmung. In: Gerhard Härle und Bernhard Rank (Hrsg.): Wege zum Lesen und zur Literatur. Baltmannsweiler 2004: Schneider Verlag Hohengehren, S. 137-168.

Hejl, Peter M.: Soziale Konstruktion von Wirklichkeit. In: Klaus Merten/Siegfried J. Schmidt/Siegfried Weischenberg (Hrsg.): Die Wirklichkeit der Medien. Eine Einführung in die Kommunikationswissenschaft. Opladen 1994: Westdeutscher Verlag, S. 43-59.

Hellinger, Bert: Ordnungen der Liebe. München 2002: Carl-Auer-Systeme.

Iser, Wolfgang: Der Lesevorgang. In: Rainer Warning (Hrsg.): Rezeptionsästhetik. München 1975: Fink, S. 253-276.

Iser, Wolfgang: Der Akt des Lesens. Theorie ästhetischer Wirkung. München 1984: Fink.

Jürgens, Martin: Robert Walser. Die Krise der Darstellbarkeit. Untersuchungen zur Prosa. Kronberg (Taunus) 1973: Scriptor.

Kammler, Clemens: Kryptische Selbstkritik. Zu Werner Wintersteiners Preisrede „Alte Meister – Über die Paradoxien literarischer Bildung" auf dem Symposion Deutschdidaktik 2010. In: *Didaktik Deutsch* 17 (2011), Heft 31, S. 5-10.

Kammler, Clemens (Hrsg.): Literarische Kompetenzen – Standards im Literaturunterricht. Modelle für die Primar- und Sekundarstufe. Seelze 2006: Kallmeyer.

Kammler, Clemens: Interpretationskompetenz und ihre Überprüfung: Anmerkungen zu einem Grundproblem der Literaturdidaktik. In: Daniela Frickel/Clemens Kammler/Gerhard Rupp (Hrsg.): Literaturdidaktik im Zeichen von Kompetenzorientierung und Empirie. Perspektiven und Probleme. Freiburg im Breisgau 2012: Fillibach, S. 235-252.

Kasaty, Olga Olivia: Ein Gespräch mit Peter Stamm. Krakau, 24. April 2004. In: Dies.: Entgrenzungen. Vierzehn Autorengespräche über Liebe, Leben und Literatur. München 2007: edition text und kritik, S. 412-416.

Klein, Klaus/Oettinger, Ulrich: Konstruktivismus. Die neue Perspektive im (*Sach-*) Unterricht. Baltmannsweiler ^{2}2007: Schneider Verlag Hohengehren.

Klieme, Eckhard et al.: Zur Entwicklung nationaler Bildungsstandards. Eine Expertise. Bonn 2003: Bundesministerium für Bildung und Forschung.

Köster, Juliane: Konstruieren statt Entdecken – Impulse aus der PISA-Studie für die deutsche Aufgabenkultur. In: *Didaktik Deutsch* 9 (2003), Heft 14, S. 4-20.

Kreft, Jürgen: Grundprobleme der Literaturdidaktik. Heidelberg 1977: Quelle & Meyer.

Krippendorff, Klaus: Der verschwundene Bote. Metaphern und Modelle der Kommunikation. In: Klaus Merten/Siegfried J. Schmidt/Siegfried Weischenberg (Hrsg.): Die Wirklichkeit der Medien. Eine Einführung in die Kommunikationswissenschaft. Frankfurt am Main 1994: Suhrkamp, S. 79-113.

Kultusministerium Baden-Württemberg: Bildungsplan für das allgemein bildende Gymnasium. Stuttgart 2004.

Luhmann, Niklas: Erkenntnis als Konstruktion. Bern 1988: Benteli.

Luhmann, Niklas: Die Autopoiesis des Bewusstseins. In *Soziale Welt* 36 (1985), S. 402-446.

Luhmann, Niklas: Strukturelle Defizite. Bemerkungen zur systemtheoretischen Analyse des Erziehungswesens. In: Jürgen Oelkers/Heinz-Elmar Tenorth (Hrsg.): Pädagogik, Erziehungswissenschaft und Systemtheorie. Weinheim/Basel 1987: Beltz, S. 57-75.

Luhmann, Niklas: Wie ist Bewusstsein an Kommunikation beteiligt? In: Hans Ulrich Gumbrecht/K. Ludwig Pfeiffer (Hrsg.): Materialität der Kommunikation. Frankfurt am Main 1988: Suhrkamp, S. 884-905.

Luhmann, Niklas: Soziologische Aufklärung 5. Konstruktivistische Perspektiven. Opladen 1990: Leske & Budrich.

Maiwald, Klaus: Was leistet(e) der Konstruktivismus für eine theoretische Verortung der Literaturdidaktik? In: Michael Baum/Marion Bönninghausen (Hrsg.): Kulturtheoretische Kontexte für die Literaturdidaktik. Baltmannsweiler 2010: Schneider Verlag Hohengehren, S. 79-96.

Matt, Peter von: Die Augen der Automaten. E.T.A. Hoffmanns Imaginationslehre als Prinzip seiner Erzählkunst. Tübingen 1971: Niemeyer.

Maturana, Humberto R.: Erkennen: Die Organisation und Verkörperung von Wirklichkeit. Ausgewählte Arbeiten zur biologischen Epistemologie. Braunschweig und Wiesbaden 1982: Vieweg.

Maturana, Humberto R.: Biologie der Sprache: die Epistemologie der Realität. In: Ders.: Erkennen: Die Organisation und Verkörperung von Wirklichkeit. Ausgewählte Arbeiten zur biologischen Epistemologie. Braunschweig und Wiesbaden 1982: Vieweg, S. 236-271.

Maturana, Humberto R.: Kognition. In: Siegfried J. Schmidt (Hrsg.): Der Diskurs des Radikalen Konstruktivismus. Frankfurt am Main 1987: Suhrkamp, S. 89-118.

Maturana, Humberto R.: Was ist Erkennen? München 1994: Piper.

Maturana, Humberto R.: Biologie der Realität. Frankfurt am Main 1998: Suhrkamp.

Mein, Georg: Fantastik als Korrektiv der Wirklichkeit. Überlegungen zur Theorie des Fantastischen und zu Kleists „Bettelweib von Locarno". In: *Der Deutschunterricht*, 58. Jahrgang (2006), Heft 3, S. 10-20.

Meißner, Wolfgang: Phantastik in der Kinder- und Jugendliteratur der Gegenwart. Würzburg 1989: Königshausen & Neumann.

Meißner: Die Phantasie der Kinder – entwicklungspsychologische Überlegungen zur phantastischen Kinder- und Jugendliteratur. In: Günter Lange/Wilhelm Steffens (Hrsg.): Literarische und didaktische Aspekte der phantastischen Kinder- und Jugendliteratur. Würzburg 1993: Königshausen & Neumann, S. 25-40.

Mohr, Daniela: Das nomadische Subjekt. Ich-Entgrenzung in der Prosa Robert Walsers. Frankfurt am Main 1994: Peter Lang.

Nagel, Thomas: Erkenntnis. In: Thomas Grundmann/Karsten Stüber (Hrsg.): Philosophie der Skepsis. Paderborn 1996: Schöningh, S. 66-76.

Neymeyr, Barbara: Narzißtische Destruktion. Zum Stellenwert von Realitätsverlust und Selbstentfremdung in E.T.A. Hoffmanns Nachtstück *Der Sandmann*. In: Poetica 29 (1997), S. 499-531.

Paradies, Liane/Linser, Hans Jürgen: Differenzieren im Unterricht. Berlin ⁴2009: Cornelsen Scriptor.

Pflugmacher, Torsten: Deutschunterricht und Didaktikindustrie. Kritische Theorie nach ihrer empirischen Wende. In: Michael Baum/Marion Bönnighausen (Hrsg.): Kulturtheoretische Kontexte für die Literaturdidaktik. Baltmannsweiler 2010: Schneider Verlag Hohengehren, S. 47-61.

Piaget, Jean: Einführung in die genetische Erkenntnistheorie. Frankfurt am Main 1973: Suhrkamp.

Piaget, Jean: Die Äquilibration der kognitiven Strukturen. Stuttgart 1976: Klett-Cotta.

Pörksen, Bernhard/Friedemann Schulz von Thun: Kommunikation als Lebenskunst. Philosophie und Praxis des Miteinander-Redens. Heidelberg 2014: Carl Auer.

Putnam, Hilary: Wie man zugleich interner Realist und transzendentaler Idealist sein kann. In: Ders.: Von einem realistischen Standpunkt. Schriften zu Sprache und Wirklichkeit. Reinbek bei Hamburg: Rowohlt, S. 156-173.

Reckefuß, Elke: *Agnes* von Peter Stamm. Die (mögliche) Auflösung einer Identität. In: *Deutschmagazin 5* (2004), S. 45-50.

Reuchlein, Georg: Bürgerliche Gesellschaft, Psychiatrie und Literatur. Zur Entwicklung der Wahnsinnsthematik in der deutschen Literatur des späten 18. und frühen 19. Jahrhunderts. München 1986. Fink.

Rodewald, Dierk: Robert Walsers Prosa. Versuch einer Strukturanalyse. Bad Homburg v.d.H., Berlin und Zürich 1970: Gehlen.

Rösch, Heidi (Hrsg.): Kompetenzen im Deutschunterricht. Beiträge zur Literatur-, Sprach- und Mediendidaktik. Frankfurt am Main 2005: Peter Lang.

Roth, Gerhard: Erkenntnis und Realität: Das reale Gehirn und seine Wirklichkeit. In: Siegfried J. Schmidt (Hrsg.): Der Diskurs des Radikalen Konstruktivismus. Frankfurt am Main 1987: Suhrkamp, S. 229-255.

Roth, Gerhard: Gehirn und Selbstorganisation. In: Wolfgang Krohn/ Gerhard Küppers (Hrsg.): Selbstorganisation. Aspekte einer wissenschaftlichen Revolution. Braunschweig 1990: Vieweg, S. 167-180.

Roth, Gerhard: Das Gehirn und seine Wirklichkeit. Kognitive Neurobiologie und ihre philosophischen Konsequenzen. Frankfurt am Main ^{10}1996: Suhrkamp.

Roth, Gerhard: Aus Sicht des Gehirns. Frankfurt am Main 2009: Suhrkamp.

Rowińska-Januszewska, Barbara: Liebe, Tod und virtuelle Realität. Zum Roman ‚Agnes' von Peter Stamm. In: Daiusz Komorowski (Hrsg.): Jenseits von Frisch und Dürrenmatt. Raumgestaltung in der gegenwärtigen Deutschschweizer Literatur: Würzburg: Königshausen & Neumann, S. 95-108.

Rumpf, Horst: Die übergangene Sinnlichkeit. Drei Kapitel über die Schule. Weinheim/München ^{3}1994: Juventa.

Sacher, Werner: Leistungen entwickeln, überprüfen und beurteilen. Bewährte und neue Wege für die Primar- und Sekundarstufe. Bad Heilbrunn ^{4}2004: Julius Klinkhardt.

Scheffer, Bernd: Wie wir erkennen. Die soziale Konstruktion von Wirklichkeit im Individuum. In: Funkkolleg Medien und Kommunikation. Konstruktionen von Wirklichkeit. Manuskript der fünften Kollegstunde des Hessischen Rundfunks. Hrsg. vom Deutschen Institut für Fernstudien an der Universität Tübingen (DIFF). Weinheim und Basel 1991: Beltz

Scheffer, Bernd: Interpretation und Lebensroman. Zu einer konstruktivistischen Literaturtheorie. Frankfurt am Main 1992: Suhrkamp.

Scheller, Ingo: Szenische Interpretation. Theorie und Praxis eines handlungs- und erfahrungsbezogenen Literaturunterrichts in Sekundarstufe I und II. Seelze ^{3}2010: Klett/Kallmeyer.

Schmid, Birgit: Die literarische Identität des Drehbuchs. Untersucht am Fallbeispiel *Agnes* von Peter Stamm. Frankfurt am Main 2003: Peter Lang.

Schmidt, Siegfried J. (Hrsg.): Der Diskurs des Radikalen Konstruktivismus. Frankfurt am Main 1987: Suhrkamp.

Schmidt, Siegfried J.: Der Radikale Konstruktivismus: Ein neues Paradigma im interdisziplinären Diskurs. In: Ders. (Hrsg.): Der Diskurs des Radikalen Konstruktivismus. Frankfurt am Main 1987: Suhrkamp, S. 11-88.

Schmidt, Siegfried J.: Wir verstehen uns doch? Von der Unwahrscheinlichkeit gelingender Kommunikation. In: Deutsches Institut für Fernstudien an der Universität Tübingen (Hrsg.): Funkkolleg Medien und Kommunikation. Konstruktionen von Wirklichkeit. Manuskript der zweiten Kollegstunde des Hessischen Rundfunks. Hrsg. vom Deutschen Institut für Fernstudien an der Universität Tübingen (DIFF). Weinheim und Basel 1991: Beltz.

Schmidt, Siegfried J. (Hrsg.): Gedächtnis. Probleme und Perspektiven der interdisziplinären Gedächtnisforschung. Frankfurt am Main 1991: Suhrkamp.

Schmidt, Siegfried J.: Die Wirklichkeit des Beobachters. In: Klaus Merten/Siegfried J. Schmidt/Siegfried Weischenberg (Hrsg.): Die Wirklichkeit der Medien. Eine Einführung in die Kommunikationswissenschaft. Opladen 1994: Westdeutscher Verlag, S. 3-19.

Schmidt, Siegfried J.: Vom Text zum Literatursystem. Skizze einer konstruktivistischen (empirischen) Literaturwissenschaft. In: Heinz von Foerster/Ernst von Glasersfeld/Peter M. Hejl/Siegfried J. Schmidt/Paul Watzlawick (Hrsg.): Einführung in den Konstruktivismus. München ^{12}2010: Piper, S. 147-166.

Schwahl, Markus: Die Wirklichkeit und ihre Schwestern. Epistemologische Ideologiekritik und ihre ethischen Implikationen im Werk Robert Walsers. Frankfurt am Main 2001: Peter Lang.

Schwahl, Markus (2008a): Die systemische Aufstellung im Literaturunterricht. Beitrag zu einer konstruktivistischen Literaturdidaktik. In: *Pädagogische Rundschau* 62 (2008), Heft 4, S. 413-419.

Schwahl, Markus (2008b): Gattungstraditionen im Blick. Betrachtungen zur narrativen Kontinuität und didaktischen Aktualität der Novelle. In: *Literatur im Unterricht* 9 (2008), Heft 3, S. 163-174.

Schwahl, Markus: Die Leere in der Mitte. Postmoderne Literatur im Unterricht: Peter Stamms Roman *Agnes*. In: *Literatur im Unterricht. Texte der Gegenwartsliteratur für die Schule*. 10. Jahrgang, 2009, Heft 2, S. 93-105.

Seelig, Carl: Wanderungen mit Robert Walser. Hrsg. im Auftrag der Carl Seelig-Stiftung und mit einem Nachwort versehen von Elio Fröhlich. Frankfurt am Main 1993: Suhrkamp.

Simon, Fritz B.: Einführung in Systemtheorie und Konstruktivismus. Heidelberg ²2007: Carl-Auer-Systeme.

Singer, Wolf: Der Beobachter im Gehirn. Essays zur Hirnforschung. Frankfurt am Main 2002: Suhrkamp.

Spinner, Kaspar H.: Neue und alte Bilder von Lernenden. Deutschdidaktik im Zeichen der kognitiven Wende. In: Ders.: Kreativer Deutschunterricht. Identität – Imagination – Kognition. Seelze 2001: Kallmeyer, S. 131-148.

Spinner, Kaspar H.: Handlungs- und produktionsorientierter Literaturunterricht. In: Klaus-Michael Bogdal/Hermann Korte (Hrsg.): Grundzüge der Literaturdidaktik. München 2002: dtv, S. 247-257.

Spinner, Kaspar H.: Lesekompetenz nach PISA und Literaturunterricht. In: Ulf Abraham/Albert Bremerich-Vos/Volker Frederking/Petra Wieler (Hrsg.): Deutschdidaktik und Deutschunterricht nach PISA. Freiburg im Breisgau 2003: Fillibach, S. S. 238-248.

Spinner, Kaspar H.: Der standardisierte Schüler. In: *Didaktik Deutsch* 11 (2005), Heft 18, S. 4-13.

Spinner, Kaspar H.: Literarisches Lernen. In: *Praxis Deutsch* 33 (2006), Heft 200, S. 6-17.

Spinner, Kaspar H.: Lesestrategien oder literarisches Gespräch? In: Christiane Fäcke/Wolfgang Wangerin (Hrsg.): Neue Wege zu und mit literarischen Texten. Baltmannsweiler 2007: Schneider Verlag Hohengehren, S. 18-29.

Ständige Konferenz der Kultusminister der Länder in der Bundesrepublik Deutschland (KMK): Bildungsstandards im Fach Deutsch für den Mittleren Schulabschluss. Beschluss der Kultusministerkonferenz vom 04.12.2003. Neuwied 2004: Luchterhand.

Ständige Konferenz der Kultusminister der Länder in der Bundesrepublik Deutschland (KMK): Bildungsstandards im Fach Deutsch für die Allgemeine Hochschulreife. Beschluss der Kultusministerkonferenz vom 18.10.2012.

Vollmer, Gerhard: Was können wir wissen? Erster Band: Die Natur der Erkenntnis. Stuttgart 1985: S. Hirzel.

Vollmer, Hartmut: „Glück malt man mit Punkten, Unglück mit Strichen." Peter Stamms Roman *Agnes*. In: *Monatshefte* 100 (2008), Heft 2, S. 266-281.

Waldmann, Günter: Produktiver Umgang mit Literatur im Unterricht. Grundriss einer produktiven Hermeneutik. Theorie – Didaktik – Verfahren – Modelle. Baltmannsweiler ⁶2007: Schneider Verlag Hohengehren.

Walter, Jürgen: Das Unheimliche als Wirkungsfunktion. Eine rezeptionsästhetische Analyse von E.T.A. Hoffmanns Erzählung *Der Sandmann*. In: *Mitteilungen der E.T.A. Hoffmann-Gesellschaft* 30 (1984), S. 15-33.

Wangerin, Wolfgang: Der Leser „macht eigentlich aus einem Buche, was er will" (Novalis). Konstruktivistische Begründungen produktiven Literaturunterrichts. In: Christiane Fäcke/Wolfgang Wangerin (Hrsg.): Neue Wege zu und mit literarischen Texten. Baltmannsweiler 2007: Schneider Verlag Hohengehren, S. 63-88.

Watzlawick, Paul: Wie wirklich ist die Wirklichkeit? Wahn – Täuschung – Verstehen. München 1976: Piper.

Watzlawick, Paul (Hrsg.): Die erfundene Wirklichkeit. Wie wissen wir, was wir zu wissen glauben? Beiträge zum Konstruktivismus. München 1981: Piper.

Watzlawick, Paul/Beavin, Janet H./Jackson, Don D.: Menschliche Kommunikation. Formen, Störungen, Paradoxien. Bern ¹⁰2000: Huber.

Weber, Gunthard (Hrsg.): Praxis des Familien-Stellens. Beiträge zu systemischen Lösungen nach Bert Hellinger. Heidelberg ³2000: Carl-Auer-Systeme.

Weber, Gunthard/Gross, Brigitte: Organisationsaufstellungen. In: Gunthard Weber (Hrsg.): Praxis des Familien-Stellens. Beiträge zu systemischen Lösungen nach Bert Hellinger. Heidelberg ³2000: Carl-Auer-Systeme, S. 405-420.

Wellmann, Angelika: Der Spaziergang. Stationen eines poetischen Codes. Würzburg 1991: Königshausen & Neumann.

Wendt, Alexander: Social Theory of International Relations. Cambridge 1999: Cambridge University Press.

Willenberg, Heiner: Der Lehrer als Meisterleser. In: Ders. (Hrsg.): Kompetenzhandbuch für den Deutschunterricht. Auf der empirischen

Basis des DESI-Projekts. Baltmannsweiler 2007: Schneider Verlag Hohengehren, S. 181-187.

Wintersteiner, Werner: Alte Meister – Über die Paradoxien literarischer Bildung. In: *Didaktik Deutsch* 17 (2011), Heft 30, S. 5-21.

Zabka, Thomas: Texte über Texte als Formate schriftlicher Leistungsprüfung. Nacherzählung, Inhaltsangabe, Analyse, Interpretation und benachbarte Aufgaben. In: Winfried Ulrich (Hrsg.): Deutschunterricht in Theorie und Praxis. Handbuch zur Didaktik der deutschen Sprache und Literatur in elf Bänden. Band 11: Lese- und Literaturunterricht, hrsg. von Michael Kämper-van den Boogart/Kaspar H. Spinner. Teil 3: Erfolgskontrollen und Leistungsmessung. Exemplarische Unterrichtsmodelle. Baltmannsweiler 2010: Schneider Verlag Hohengehren, S. 60-88.

Beiträge zur Literatur- und Mediendidaktik

Herausgegeben von Bodo Lecke und Christian Dawidowski

Die 2001 von Bodo Lecke begründete und inzwischen gemeinsam mit Christian Dawidowski herausgegebene Buchreihe repräsentiert vorzugsweise die Reformdiskussion über den Literatur- und Sprachunterricht, der traditionell die Grundlagen des Faches Deutsch bildet.

Sie bietet besonders dem wissenschaftlichen Nachwuchs ein Publikationsforum im Sinne einer "intermedialen" Verbindung bzw. "Integration" von fachunterrichtlich orientierter Literaturdidaktik und fachübergreifender Medienpädagogik/Medienerziehung, berücksichtigt aber zugleich den Eigenwert und die Dignität fachgeschichtlich gewachsener Traditionen.

Band 1 Kathrin Schroeder: Idylle, Chaos und Verzweiflung. Romantische Strategien der Weltwahrnehmung als literaturdidaktisches Problem. 2001.

Band 2 Siegfried Hummelsberger: Literaturunterricht und literarisches Verstehen bei Berufsschülern. "Ich lese was, was du nicht liest...!". 2002.

Band 3 Eva Schäfer: Mediendidaktische Reflexionen über Erinnerungskonstruktionen in Walter Benjamins Baudelaire-Studien und Roberto Benignis Film *Das Leben ist schön*. Zwischen Kunst und Holocaust. 2002.

Band 4 Hilmar Grundmann: Berufliche Arbeit macht krank. Literaturdidaktische Reflexionen über das Verhältnis von Beruf und Privatspäre in den Romanen von Martin Walser. 2003.

Band 5 Anja Wildemann: Kinderlyrik im Vorschulalter. Kinder zwischen Mündlichkeit und Schriftlichkeit. 2003.

Band 6 Michael Kämper-van den Boogaart (Hrsg.): Deutschunterricht nach der PISA-Studie. Reaktionen der Deutschdidaktik. 2004.

Band 7 Michael Ackermann: Exilliteratur 1933–45. Migration und Deutschunterricht. 2004.

Band 8 Hilmar Grundmann: *Ich sah des Sommers letzte Rose stehn* .... Vom aktuellen didaktischen Wert der Gedankenlyrik Friedrich Hebbels. 2004.

Band 9 Heidi Rösch (Hrsg.): Kompetenzen im Deutschunterricht. Beiträge zur Literatur-, Sprach- und Mediendidaktik. 2005. 2., überarbeitete und erweiterte Auflage 2008.

Band 10 Emine Uçar-Ilbuga: Fernsehkonsum von türkischen Jugendlichen. Eine empirische Untersuchung im Hamburger Stadtteil Dulsberg. 2005.

Band 11 Hilmar Grundmann: Von „Weiber-Emancipation" und „echten Weibern" in Hebbels Tagebüchern und Tragödien. Ein literaturwissenschaftlicher und literaturdidaktischer Beitrag zur Gender-Forschung. 2006.

Band 12 Angelika Buß: Intertextualität als Herausforderung für den Literaturunterricht. Am Beispiel von Patrick Süskinds *Das Parfum*. 2006.

Band 13 Silke Günther: Serienheldinnen multimedial. Content-Universen zu nordamerikanischen Fernsehserien. 2007.

Band 14 Wolfgang Fehr: Fachdidaktische Wissensformen und Organisation von Unterricht. Zu einer Theorie der Literaturdidaktik. 2007.

Band 15 Bodo Lecke (Hrsg.): Mediengeschichte, Intermedialität und Literaturdidaktik. 2008.

Band 16 Kirsten Kumschlies: „Es war sehr schön, in dir zu leben...". Literarische Kompetenz und Szenische Interpretation. Texte von Grundschulkindern als Zeugnisse der Rezeption. 2008.

Band 17 Carsten Lange: Fantasie und Fantastik in Christoph Ransmayrs Roman Die letzte Welt. Ein Unterrichtsmodell für den Deutschunterricht in der Oberstufe. 2009.

Band 18 Hilmar Grundmann: Bildung und Integration. 2010.

Band 19 Markus Schwahl: Die Ästhetik des Stillstands. Anti-Entwicklungstexte im Literaturunterricht. 2010.

Band 20 Claudia Albes / Anja Saupe (Hrsg.): Vom Sinn des Erzählens. Geschichte, Theorie und Didaktik. 2010.

Band 21 Anja Saupe: Kannibalismus und Kultur. Zu einer Poetik des Tabubruchs in der Fiktion – Drama, Comic und Film. 2011.

Band 22 Irene Pieper / Dorothee Wieser (Hrsg.): Fachliches Wissen und literarisches Verstehen. Studien zu einer brisanten Relation. 2012.

Band 23 Matthias Schönleber: Schnittstellen. Modelle für einen filmintegrativen Literaturunterricht. 2012.

Band 24 Jan M. Boelmann / Andreas Seidler (Hrsg.): Computerspiele als Gegenstand des Deutschunterrichts. 2013.

Band 25 Jan Standke (Hrsg.): Die Romane Thomas Glavinics. Literaturwissenschaftliche und deutschdidaktische Perspektiven. 2014.

Band 26 Matthias Jakubanis: Literarische Bildung und Migration. Eine empirische Studie zu Lesesozialisationsprozessen bei Jugendlichen mit türkischem Migrationshintergrund. 2015.

Band 27 Marie Lessing-Sattari / Maike Löhden / Almuth Meissner / Dorothee Wieser (Hrsg.): Interpretationskulturen. Literaturdidaktik und Literaturwissenschaft im Dialog über Theorie und Praxis des Interpretierens. 2015.

Band 28 Christian Dawidowski / Anna R. Hoffmann / Benjamin Walter (Hrsg.): Interkulturalität und Transkulturalität in Drama, Theater und Film. Literaturwissenschaftliche und -didaktische Perspektiven. 2015.

Band 29 Joachim Schulze-Bergmann: Werte im Literaturunterricht. Entwicklungspsychologische Grundlagen, professionelles Lehrverhalten, methodische Schritte zur Arbeit in heterogenen Gruppen. 2015.

Band 30 Inga Pohlmeier: Deutsch-türkische Erzähltexte im interkulturellen Literaturunterricht. Zur Funktion und Vermittlung literaturästhetischer Mittel. 2015.

Band 31 Markus Schwahl: Konstruktivismus im Literaturunterricht. Grundlagen und Unterrichtsbeispiele für die Sekundarstufen I und II. 2015.

www.peterlang.com

www.ingramcontent.com/pod-product-compliance
Ingram Content Group UK Ltd.
Pitfield, Milton Keynes, MK11 3LW, UK
UKHW041922210426
5322IPUK00002B/11